신개념 독서교육
그림책놀이 2

책과 가까워지는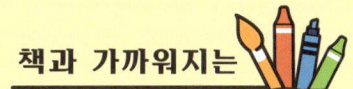

신개념 독서교육
그림책놀이 2

한국그림책연구소 지음

내 아이 그림책 독서교육 필독서

생각하는 힘을 길러주는 독서교육!

36권의 그림책에 책 주제를 살린 다양한 활동을 담았습니다.
책 읽기의 즐거움과 더불어 자신과 타인을 이해하는 데
길라잡이가 될 것입니다.

렛츠북

『신개념 독서교육 그림책놀이 2』를 펴내며

2014년 대전시민대학 그림책놀이지도사 양성과정으로 시작된 한국그림책연구소 그림책놀이가 어느덧 10년이 넘었다. 지금껏 그림책놀이는 '상호작용을 중시하는 과정 중심 독서 활동 교육'이라는 신념으로 꾸준히 연구 개발해 왔고, 덕분에 한국그림책연구소의 그림책놀이는 새로운 독서교육으로 자리매김하게 되었다.

이에 힘입어 한국그림책연구소 연구원들과 함께 개발한 그림책놀이지도서 『신개념 독서교육 그림책놀이 2』를 세상에 내놓는다. 『신개념 독서교육 그림책놀이 2』에는 36권의 그림책마다 〈생각하는 그림책 읽기〉를 넣어 보다 깊이 있는 독서 대화를 나눌 수 있도록 하였다. 또한, 책의 주제를 담은 다양한 활동은 책 읽기의 즐거움과 더불어 자신과 타인을 이해하는 데 길라잡이가 될 것이다.

뒤돌아보니 수없이 많은 일들이 스쳐 지나간다. 도서관 독서 수업에서 만난 6학년 아이의 "책은 나에게 수갑이에요"라는 말이 지금도 귀에 쟁쟁하다. 그 말을 들은 날 잠이 오지 않았다. 밤새 독서에 대해, 독서지도에 대해 생각해 보았다. 당시에는 다독이 최고라고 생각하여 학교마다 책을 많이 읽은 아이에게 '다독상'을 주었다. 물론 동기 부여 차원이었겠지만, 아이들에게 독서는 어쩔 수 없이 해야 하는 숙제가 되어 더 이상 즐길 수 없게 되어버렸다.

책 읽기를 더 즐겁게, 읽는 이가 주체가 되는 방법으로 '상호작용을 중시하는 과정 중심 독서 활동 교육' 책놀이를 떠올렸다. 그 책놀이가 그림책을 만나 그림책놀이가 되었다. 그림책은 '0세에서 100세까지' 누구나 즐길 수 있다. 그림책놀이는 그림책을 읽는 데서 그치지 않고 한 발짝 더 나아가 주제를 반영한 다양한 책놀이 활동으로 자신을 만나고, 나와 다른 이의 마음을 헤아리는 데 의미를 둔다. 마음속 욕망과 욕구를 마주하며 자신을 인정하고 이해한다. 이런 경험은 타인을 이해하는 데에 도움이 된다. 그래서 그림책놀이를 했을 때 모두 감동한다.

며칠 전 강의에서 『사랑스러운 까마귀』(베아트리스 퐁타넬 글, 앙트완 기요뻬 그림, 국민서관)를 소개하는데 불현듯 예전에 대전시민대 그림책놀이지도사 강의에서 이 책을 소개하고 책놀이를 했을 때가 떠올랐다. 시인 할아버지가 새까만 깃털과 깍깍대는 목소리까지 자신의 모든 것이 마음에 들지 않아 슬퍼하는 까마귀에게 "난 말이야, 너를 처음 본 순간~ 뭐 이런 애들이 생각났거든" 이렇게 말하는 부분이 있다. 책을 읽는 중에 '난 말이야, 너를 처음 본 순간'까지 읽고 과연 시인 할아버지가 뭐라고 했을지, 나라면 까마귀에게 무슨 말을 할지 나머지 부분을 완성해 보도록 했다. 까마귀만큼은 아니지만, 살아가면서 누구나 한 번쯤 자신이 못나고 부족하다고 생각한 적이 있다. 그렇기에 이 활동은 까마귀에게 건네는 말이기도 하지만 사실은 자기 자신에게 하는 말이다.

일주일 뒤 한 수강생이 "아이들이 문제가 아니라 제가 문제였어요"라며 눈물을 글썽였다. 중학교에서 심리상담 수업을 하는데, 오래전부터 일요일 오후만 되면 수업 생각에 머리가 아프고 가슴이 답답해 그만둘까 고민하는 중이었다고 했다. 수업 준비를 마쳤건만 이상하게 『사랑스러운 까마귀』가 머리에서 떠나지 않아 『사랑스러운 까마귀』로 수업을 진행하였다. 강의 때 배운 대로 책을 읽어주다 멈추고 시인 할아버지가 되어 뒷부분을 완성하게 했다. 꼭 써야 하는 거냐며 투덜거리는 아이들이 어느 순간 쓰는 데 집중하였다. 평소 눈빛이 서늘해서 마음이 쓰이던 아이가 있었는데, 옆을 지나가다 보니 활동지가 눈물에 젖어있었다. 아이에게 허락받아 소리 내어 읽어주었다.

"난 말이야, 너를 처음 본 순간 그 녀석의 까만 눈동자가 생각났지." 이렇게 시작되는 글에 아이들은 연애담을 생각했는지 책상을 두드리며 웃어댔다. 개의치 않고 계속 읽어나가자 이번에는 여기저기에서 훌쩍거리는 소리가 났다. 다 읽었을 때는 갑자기 글 쓴 친구를 향해 "괜찮아!"를 외쳐대기 시작했다. 아이는 친구들의 위로에 한참이나 눈물을 쏟아냈다. 잠시 뒤 얼굴을 들었을 때 아이 눈빛이 달라져 있었다고 했다. 그 이야기를 듣는 강의실의 수강생들 모두 코끝이 찡한 듯했다. 이렇듯 그림책놀이는 수업을 이끄는 이에게도 수업에 참여하는 학습자에게도 울림이 크다.

그림책놀이 초창기에는 교사 연수 요청 때 강의는 책놀이로 하되 강의계획서나 강의원고에 '놀이'를 빼달라는 부탁을 많이 받았다. '놀이'라는 말 때문에 결재가 안 날 수도 있다는 것이었다. 그만큼 여러 독서연구단체에서 책놀이라며 책 주제와 동떨어진 활동을 하고, 책을 놀잇감 삼아 노는 경우가 다반사였기 때문이다. 그래서 강의 때마다 그림책놀이가 무엇인지, 무엇을 추구하는지 꼭 짚고 넘어갔다.

해를 거듭할수록 책놀이의 방향성과 효과가 검증되면서 연수와 워크숍 등으로 인연을 맺은 분들이 많다. 안영자 전 대구교육연수원장님, 안미용 전 김제 월촌초 교장선생님, 청주그림책교사회 한경옥 선생님, 바쁜 틈에 36시간씩 연수를 들었던 경기 지역 초등 수석선생님들과 일산 성신초 선생님들, 남대구초 선생님들 등 다 거명하기 힘들 만큼 많은 분들의 응원이 있었다.

어릴 적 힘들 때면 해를 바라보고 위안을 받았던 것처럼 마음이 부대낄 때마다 선생님들이 써주신 강의 후기를 꺼내 읽는다. 그때마다 내가 하고 있는 책놀이가 제 갈 길을 제대로 가고 있는 듯하여 기쁘다. 앞으로도 처음 독서교육을 시작했을 때의 마음으로 한 걸음 한 걸음 나아갈 것이다. 그렇게 길을 만들어 갈 것이다.

남혜란(한국그림책연구소 수석연구원)

CONTENTS

「신개념 독서교육 그림책놀이 2」를 펴내며 04

호텔맨 울프레드 10

나만 없어 토끼! 18

바닷가 마을의 제빵사 24

귀여워 28

여우 요괴 33

생일 37

겨울 이불 41

너의 하루가 궁금해 45

노는 게 좋은 ㅡ・ㅣ 50

특별 주문 케이크 56

작고 푸른 점 60

내가 가장 듣고 싶은 말 65

일요일, 어느 멋진 날 69

특별하고 소중한 낡은 여행 가방 73

걱정 마, 오리 인쇄소 77

어서 와, 여기는 뉴욕이야 81
가시 소년 85
이유가 있어요 89
연결 93
미장이 98
엎드려 관찰하고 자세히 그렸어요 102
손을 주세요 * 손이 필요해 107
나만 아는 우리동네 111
마법사의 예언 115

영웅을 찾습니다 119
무엇이 될 수 있을까? 124
엄마가 너에 대해 책을 쓴다면 128
아이스크림 여행 135
거짓말 142
나는 자라요 147
사람이 뭐예요? 150
수박 수영장 157
사랑이 뭐예요? 163
라이카는 말했다 169
야, 우리 기차에서 내려! 173
새 신발 179

시와 함께하는 책놀이 183
책놀이 부록 186

『호텔맨 울프레드』

닉 블랜드 글·그림, 김여진 옮김

출판사: 길벗어린이, 출간일자: 2023.04.05.

책이라곤 단 한 권도 팔지 못한 작가 울프레드는 너무 춥고 배가 고파서 '번쩍번쩍 바지타워 호텔'의 엘리베이터지기로 일하게 된다. 낮에는 돼지 사장이 지시한 대로 일하고, 일이 끝나면 옥상에 올라가 하루 종일 본 것을 빠짐없이 써서 비행기를 접어 날린다.

어느새 울프레드의 이야기는 큰 인기를 끌고, 많은 사람들이 다음 이야기를 기다린다. 그러던 어느 날 종이비행기가 돼지 사장에게 잘못 날아가고, 화가 난 돼지 사장은 호텔 명성에 먹칠을 했다며 울프레드를 호텔에서 내쫓는다.

그날 밤, 갈 곳도 잘 곳도 없는 울프레드는 우연히 강도들에게 납치된 돼지 사장을 구한다. 돼지 사장은 보답하기 위해 호텔 어느 방에서 지내고 싶은지 묻고, 울프레드는 화려하게 장식된 호텔의 멋진 방들을 두고 엘리베이터를 선택한다. 엘리베이터는 호텔을 거쳐 가는 모든 손님들을 만날 수 있는 유일한 장소이다. 울프레드가 망설임 없이 엘리베이터를 선택한 이유는 비록 힘들게 일하던 곳이지만, 세상과 소통하고 이야기를 모으는 소중한 곳이었기 때문이다.

『호텔맨 울프레드』는 어려운 상황 속에서도 꿈을 이룬 늑대 작가와 소통을 거부하는 돼지 사장의 이야기를 통해 우리가 꼭 기억해야 할 삶의 태도에 대해 이야기한다.

📖 생각하는 그림책 읽기

==책이라곤 단 한 권도 팔지 못한 울프레드는 너무 춥고 배고팠고 호텔까지 일자리를 구하러 왔죠.==

❶ 울프레드의 마음을 헤아려봅니다.

❷ 울프레드가 인사도 말도 나눌 수 없는 엘리베이터에서 오랫동안 일할 수 있었던 이유는 무엇일까요?

❸ 친구들은 왜 울프레드의 글을 기다렸을까요?

==그 안에 뭐가 있는지 모를 줄 알고?==

❹ 울프레드는 어떻게 돼지 사장인 줄 알았을까요?

❺ 울프레드가 늘 들고 다니는 것은 무엇이었나요? 그것은 울프레드에게 어떤 의미가 있을까요?

❻ 호텔 사장을 구해주고 어떤 방이든 선택할 수 있었던 울프레드가 층과 층 사이를 오가는 방을 원한 이유는 무엇일까요?

📖 수업을 준비하는 교사들을 위한 Tip

❶ 학습자를 위해 『호텔맨 울프레드』의 이야기를 쓴 종이비행기를 준비합니다.
   예) 책의 홍보글, 인상적인 문장, 등장인물 소개 등

❷ 책을 읽기 전 종이비행기를 날립니다.

❸ 종이비행기를 받은 학습자가 읽도록 하여 흥미를 유발합니다.

📗 책놀이활동 1

❁ 준비물
A4, 필기도구

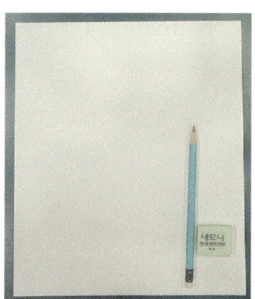

❁ 책놀이 - 종이비행기는 이야기를 싣고 1

> 돼지 사장, 돼지 사장의 강아지, 사자, 사슴, 기린, 고릴라, 유령, 치타, 거북이, 곰, 수중생물, 용, 토끼 가족

❶ 바지 타워 호텔 사장과 투숙객 중 마음에 드는 등장인물을 선택합니다.
❷ 울프레드가 되어 선택한 인물의 이야기를 상상합니다.
❸ 상상한 이야기를 씁니다.
❹ 이야기를 쓴 종이로 비행기를 접습니다.
❺ 종이비행기를 동시에 날리고, 받은 사람은 내용을 읽습니다.

[예시]

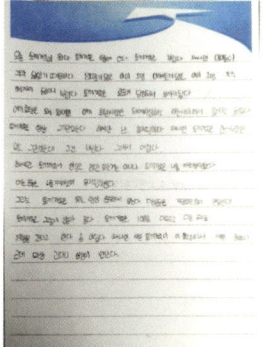 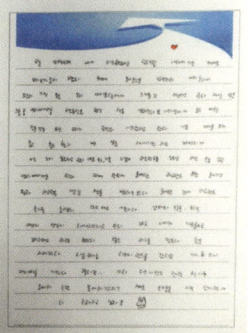 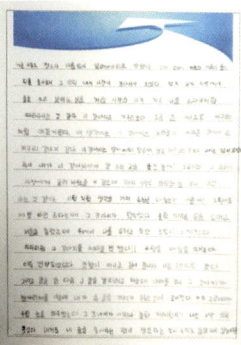

『호텔맨 울프레드』 13

책놀이활동 2

🌸 **준비물**
A4, 필기도구, 이야기 바구니

🌸 **책놀이 - 종이비행기는 이야기를 싣고 2**

① 올프레드가 납치범에게서 돼지 사장을 구한 일을 떠올려 봅니다.
② 올프레드가 되어 그날의 일을 자세하게 씁니다.
③ 글을 소개합니다.
④ 종이비행기를 접어서 이야기 바구니에 날립니다.
⑤ 이야기 바구니 속 이야기는 자유롭게 꺼내 읽을 수 있도록 합니다.

📖 책놀이 활동 3

✿ **준비물**
활동지, 필기도구

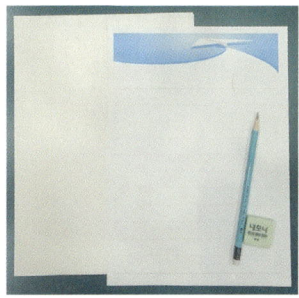

✿ **책놀이 - 종이비행기는 이야기를 싣고 3**

❶ '좀처럼 쉬지 않고 변함없이 머무는 엘리베이터의 늑대'가 된 울프레드의 인생을 떠올려 봅니다.
❷ 울프레드가 살아온 이야기를 씁니다.
❸ 글을 소개합니다.

[예시]

책놀이활동 4

✿ 준비물
A4, 필기도구, 이야기 바구니

✿ 책놀이 - 종이비행기는 이야기를 싣고 4

❶ 수업 전 울프레드처럼 내 주변 인물을 세심하게 관찰하도록 미리 안내합니다.
❷ 관찰한 인물 중에 친구에게 들려주고 싶은 일을 떠올려 봅니다.
❸ 울프레드처럼 '모조리 빠짐없이 본 대로' 씁니다.
❹ 글을 소개합니다.
❺ 종이비행기를 접습니다.
❻ 이야기 바구니에 종이비행기를 날립니다.
❼ 이야기 바구니 속 이야기는 자유롭게 꺼내 읽을 수 있도록 합니다.

📖 책놀이활동 5

✿ 준비물
필기도구, 같은 색 색종이, 이름표

✿ 책놀이 - 네가 궁금해!

❶ 울프레드와 돼지 사장의 말과 행동으로 그들의 성격을 헤아려 봅니다.
　인물이 중요하게 생각하는 것, 상대방을 대하는 태도, 일하는 마음가짐 등을 생각해 봅니다.
❷ 울프레드와 돼지 사장에게 묻고 싶은 것을 떠올려 질문을 만듭니다.

[예시]
> 당신에게 가장 소중한 것은 무엇인가요?
> 가장 특별한 순간이나 기억에 남는 순간은 언제였나요?
> 지금 갖고 싶은 것이 있나요?
> 일할 때 가장 중요하게 생각하는 것은 무엇인가요?
> 당신에게 바지 호텔이란?
> ⋮

❸ 색종이에 질문을 하나씩 쓰고, 종이비행기를 접습니다.
❹ 울프레드와 돼지 사장 역할을 정합니다.
❺ 종이비행기를 펼쳐 질문을 읽고 울프레드답게, 돼지 사장답게 대답합니다.
❻ 울프레드 또는 돼지 사장이 되어본 소감을 나눕니다.

『나만 없어 토끼!』

토베 피에루 글, 마리카 마이얄라 그림, 기영인 옮김
출판사: 블루밍제이, 출간일자: 2023.03.10.

세 아이 사이의 아슬아슬한 우정에 대한 이야기이다.

카야는 오늘도 코테랑 놀 준비가 되어있다. 어제 만든 집에 오늘은 벽지 붙이기를 할 예정이었다. 풀만 좋으면, 벽지 붙이기는 식은 죽 먹기다. 이제 풀도 챙겨놓았다. 그런데 코테가 카야네 정원을 가로질러 카르멘 집으로 가버렸다. 애들은 정원에서 놀고 있을 텐데, 카야는 토끼가 없다.

둘에게는 있는데, 나만 없는 토끼. 아빠는 토끼가 똥을 많이 싼다고 키우지 못하게 한다. 그래서 자신도 모르게 "나도 토끼 있어"라고 말해버린다.

카야의 거짓말에 아이들은 어떻게 반응할까? 지켜보는 독자의 마음은 아슬아슬하기만 한데 의외로 아이들 사이는 자연스럽게 이어진다.

📖 생각하는 그림책 읽기

카야는 코테가 만든 벽지를 구겨 버렸다. 한 장 더 뭉갰다.
손안에 작은 콩알 두 개. 토끼 똥 같다.

❶ 카야는 왜 그랬을까요?

"토끼가 너무 빨리 뛰어가 버려서 말이야."
코테가 어깨를 으쓱했다.
"동물은 원래 그래, 카야. 자기들 마음대로 하거든."
그러더니 둘이 다시 사라졌다.

❷ 홀로 남은 카야의 마음은 어땠을까요?

"나도 토끼 있어. … 있다기보다 … 우리 집 앞 들판에 살아. 근데 쓰다듬어도 돼."

❸ 카야가 토끼가 있다고 말한 이유는 무엇일까요?

카야와 카르멘이 정원 문으로 나가자 코테가 카야를 쳐려보았다.

❹ 코테는 왜 카야를 쳐려보았을까요?

카야는 따뜻한 우유에 꿀을 탔다. 하지만 코테는 먹기 싫단다.
"그런 우유 니글거리잖아. 안 그래, 카르멘?"
"하지만 꿀은 맛있잖아."
카르멘이 우물쭈물 대답했다.

❺ 코테는 꿀을 탄 우유를 왜 먹기 싫다고 했을까요?
　카르멘은 대답할 때 왜 우물쭈물했을까요?

『나만 없어 토끼』

셋은 코테 집에서 해적 게임을 했다. 카야 집에서도 했다.
그러고는 코테 집에서 또 게임을 했다. 여러 판 했다.
같이 따뜻한 우유에 꿀도 타 마셨다.
카르멘이 집에서 시나몬 번도 가져왔다.

❻ 사슴이 나타나기 전까지 카야와 코테, 카르멘 셋이 함께 한 시간은 어떤 의미가 있을까요?

카르멘이 문 앞에서 기다린다.
카야는 재킷을 입으며 코테에게 미소 지었다.
"그럼 우리, 내일 보자!"

❼ "그럼 우리, 내일 보자!"라고 말하는 세 아이는 어떤 마음일까요?

풀이 좋아야 한다.
풀만 좋으면, 벽지 붙이기는 식은 죽 먹기다!
카야가 다 준비해 놓았다.

❽ 친구 사이에 '좋은 풀'과 같은 것은 무엇일까요?
'좋은 풀'은 혼자 준비할 수 있을까요?
카야와 카르멘과 코테에게 '좋은 풀'이 된 순간들을 생각해 봅니다.

❾ 이 책의 원제는 Honungsmjoölk för tre(셋을 위한 꿀을 탄 우유)입니다.
'셋을 위한 꿀을 탄 우유'의 의미를 생각해 봅니다.

> ### TIP
> 『나만 없어 토끼!』는 거짓말에 대한 도덕적 판단보다
> 거짓말을 하게 된 마음을 헤아리는 것이 중요합니다.

책놀이 활동 1

❁ 준비물
말주머니 포스트잇(세 가지 색), 필기도구

❁ 책놀이 - 마음 풍선 채우기

* 카야와 카르멘이 정원 문으로 나가자 코테가 카야를 쨰려보았다.

* 하지만 코테는 먹기 싫단다.

* 카르멘이 문 앞에서 기다린다. 카야는 재킷을 입으며 코테에게 미소 지었다.

* 카야는 코테가 만든 벽지를 구겨버렸다.

❶ 네 장면을 제시합니다.
❷ 등장인물의 마음을 헤아립니다.
❸ 카야, 코테, 카르멘의 속마음이 어떨지 각기 다른 색의 포스트잇에 씁니다.
❹ 포스트잇을 붙여 마음을 읽고 이야기 나눕니다.

『 나만 없어 토끼 』

책놀이활동 2

❀ 준비물
엽서 종이(11×15.5) 또는 A6, 학종이, 필기도구

❀ 책놀이 - 내 친구를 소개합니다!

❶ 학종이에 카야, 코테, 카르멘의 이름을 쓰고 보이지 않게 접습니다.
❷ 학종이를 뽑습니다.
❸ 뽑은 인물이 누구인지 공개하지 않고 소개할 내용을 생각합니다.
❹ 엽서 종이에 생각한 내용을 글과 그림으로 표현합니다.
❺ 한 명씩 소개하고 누구에 대한 이야기인지 알아맞힙니다.
❻ 엽서를 모아서 전시합니다.

❀ 책놀이 - 우리 반 친구를 소개합니다!

❶ 학종이에 학습자의 이름을 쓰고 보이지 않게 접습니다.
❷ 학종이를 뽑습니다.
❸ 뽑은 인물이 누구인지 공개하지 않고 소개할 내용을 생각합니다.
❹ 엽서 종이에 생각한 내용을 글과 그림으로 표현합니다.
❺ 한 명씩 소개하고 누구에 대한 이야기인지 알아맞힙니다.
❻ 엽서를 모아서 전시합니다.

📗 책놀이 활동 3

❀ 준비물
A4, 필기도구

❀ 책놀이 - 이 놀이 어때?(모둠 활동)

❶ 카야, 코테, 카르멘이 함께 할 수 있는 놀이를 떠올립니다.
❷ 놀이의 방법과 규칙을 그림과 글로 자세하게 설명합니다.
❸ 설명서를 오른쪽 모둠으로 전달합니다.
❹ 놀이 설명서를 보고 정해진 시간 동안 놀이를 합니다.
❺ ❸, ❹를 반복하여 모든 모둠의 놀이를 해봅니다.
❻ 모든 놀이를 마친 뒤 놀이를 하며 좋았던 점을 이야기 나눕니다.

『바닷가 마을의 제빵사』

폴라 화이트 글·그림, 정화진 옮김
출판사: 국민서관, 출간일자: 2023.02.20.

돛 기술자는 돛을 만들고, 배 기술자는 배를 만들거나 수리를 한다. 그물 기술자가 만든 그물로 어부가 물고기를 한가득 잡고 돌아오면 스코틀랜드에서 온 일꾼들이 싱싱한 물고기를 소금에 절이고, 통 기술자가 만든 통에 차곡차곡 절인 생선을 담는다. 이 모든 것은 바다로부터 온 것이다.

하지만 아이는 빵 굽는 일을 하는 아빠만은 그렇지 않다고 생각한다. 게다가 따뜻하고 안전한 실내에서 일하는 제빵사는 거친 파도도 두려워하지 않고 바다로 나가는 용감한 어부에 비해 작게만 느껴진다. 아이는 이러한 마음을 숨긴 채 아빠에게 바다에 나가본 적이 있는지 묻는다. 아이의 마음을 읽은 아빠는 아이 눈높이에 맞춰 빵 굽는 일이 마을 사람들의 삶에 어떤 영향을 주는지 설명한다.

작가 폴라 화이트는 아이 아빠의 입을 통해 아무리 작아 보일지라도 모든 일은 필요에 의해 생겨난 것이며, 세상에 중요하지 않은 일은 없다는 메시지를 전하고 있다.

📖 생각하는 그림책 읽기

❶ 바닷가 마을에는 무엇이 있을까요?
　바닷가 마을 사람들은 어떤 일을 하며 살아갈까요?

❷ 폴라는 왜 "바닷가 마을에서는 모두가 열심히 일해요"라고 했을까요?

❸ '나'는 왜 어부가 되겠다고 했을까요?

❹ 아빠가 빵 만드는 일에 자부심을 느끼는 이유를 헤아려 봅니다.
　어부는 왜 가장 싱싱하고 통통한 생선을 아빠에게 주었을까요?

❺ '나'는 왜 아빠처럼 제빵사가 되고 싶었을까요?

❻ 아빠와 함께 빵을 만드는 '나'는 무슨 생각을 하고 있을까요?

책놀이활동 1

❀ 준비물
활동지, 필기도구

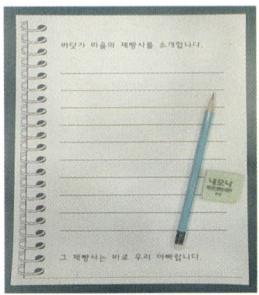

❀ 책놀이 - 주인공이 되어

❶ '생각하는 그림책 읽기 ❹, ❻'을 참고하여 말주머니를 채워봅니다.

❷ '나'가 되어 아빠를 소개합니다. 제빵사가 된 이유, 제빵사로서 가장 보람을 느끼는 순간, 빵을 만들 때의 마음 등을 헤아려 씁니다.

❸ 소개 글을 읽습니다.

[예시]

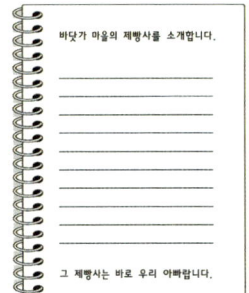

 책놀이 활동 2

✿ 준비물
활동지, 필기도구

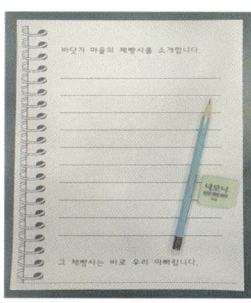

✿ 책놀이 - 열심히 일하는 사람들 인터뷰

❶ 우리 마을에서 열심히 일하는 사람을 만나 인터뷰합니다.
❷ 내가 인터뷰한 인물을 소개하고 소감을 나눕니다.

[예시]

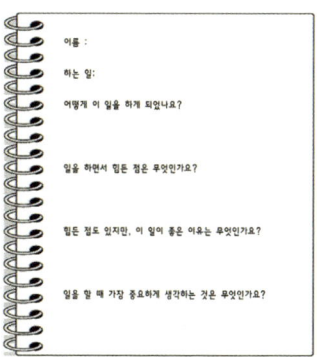

『 귀여워 』

노석미 글·그림

출판사: 사계절, 출간일자: 2023.02.03.

'귀엽다'는 말에는 사물을 바라보는 따뜻한 시선이 담겨있다.

이제 막 돋아난 새싹, 작은 날개를 펄럭이는 나비, 달랑거리는 아이의 짧은 다리. 이런 것들은 귀여워서 어쩐지 보호해 주고 싶은 생각이 든다.

아이는 지금 아빠와 함께 갓 태어난 동생을 만나러 가는 중이다. 세상에 갓 태어난 아이보다 더 귀여운 게 어디 있을까? 그런 동생을 만나러 가는 길이기에 만나는 것들이 다 귀엽게 보인다. 길쭉해지고 싶은 모종삽, 허리를 굽히고 일하는 인간, 심지어 자신보다 큰 바퀴를 싣고 달리는 트럭조차 귀엽다.

책장을 넘길 때마다 만나게 되는 작가가 직접 쓴 손글씨와 한쪽 면을 가득 채운 그림도 귀엽다.

📖 생각하는 그림책 읽기

❶ 무언가를 보고 귀엽다고 생각했거나 귀엽다는 말을 들었던 경험을 떠올립니다.
경험을 바탕으로 '귀엽다'의 뜻을 헤아려 봅니다.

❷ 책을 보며 왜 귀엽다고 했을지 생각해 봅니다.

❸ '오늘 내가 본 것 중에 귀여운 것을 떠올립니다.

책놀이활동 1

🌸 준비물

A4 180g 2장, 펀칭, O링, 필기도구

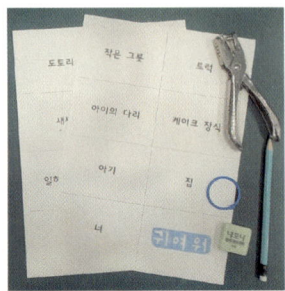

🌸 책놀이 - 귀여워?

❶ 그림책을 함께 읽습니다.
❷ A4 180g 2장을 아래처럼 준비합니다. 잘라서 카드를 만듭니다.

도토리	모종삽
새싹	나비
일하는 인간	토끼인형
몽당연필	마트료시카

작은 그릇	트럭
아이의 다리	케이크 장식
아기	집
너	귀여워

❸ 엎어놓은 카드를 한 장씩 뽑은 후 해당 장면을 그림책에서 찾아 자세히 살펴봅니다.
❹ 카드 뒷면에 귀여운 이유를 적습니다.
❺ 친구들 앞에서 소개합니다.
❻ 카드를 펀칭하여 O링으로 묶습니다. 이때 귀여워 카드는 표지가 됩니다.

[예시]

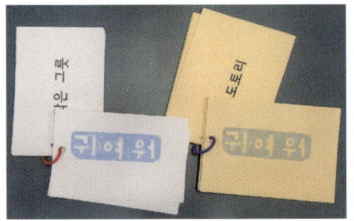

 책놀이 활동 2

❁ 준비물
'귀여워' 카드, 펀칭, O링, 컬러펜, 필기도구

❁ 책놀이 - 귀여워!

❶ '귀여워' 카드를 준비하여 나누어 줍니다.

귀여워	귀여워
귀여워	귀여워
귀여워	귀여워
귀여워	귀여워

❷ 내가 본 것 중 귀여운 것을 글과 그림으로 표현합니다.
   표현하고 싶은 상황에 따라 여러 장을 할 수 있습니다.
❸ 소개합니다.
❹ O링으로 카드를 묶습니다.

책놀이활동 3

✿ **준비물**

스크랩북(16.5cm×16.5cm, 5P), 컬러펜, 필기도구

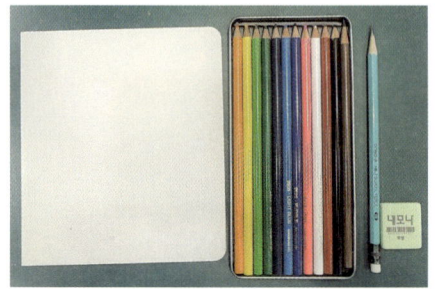

✿ **책놀이 - '귀여워' 책**

❶ '생각하는 그림책 읽기 ❶, ❸'에 대해 이야기 나눕니다.
❷ 스크랩북에 ❶을 글과 그림으로 표현합니다.
❸ 제목을 정하고 앞표지, 뒤표지를 꾸밉니다.

[예시]

 TIP

내용을 모아 시를 쓸 수 있습니다.

『여우 요괴』

정진호 글·그림
출판사: 반달, 출간일자: 2023.02.01.

『여우 요괴』는 우리에게 너무도 익숙한 구미호 이야기를 정진호 작가가 새롭게 해석한 그림책이다. 작가는 흔히 '구미호' 하면 떠올리는 꼬리 아홉 달린 흰 여우가 아닌 여우 요괴를 세상에 내놓았다. 까만 몸에 붉은 눈을 가진 여우는 시각적으로 강렬한 효과를 낸다.

여우 요괴는 간 1,000개를 먹으면 어떤 소원이든 이룰 수 있다. 천하의 도력을 닦은 여우 요괴 앞에서는 귀신도 호랑이도 기를 못 펴고 도망가기 바쁘다. 999개의 간을 빼먹고 이제 딱 하나 남았다. 남은 하나는 간이 크기로 소문난 김 생원의 간을 먹기로 작정한다. 잡아먹으려는 여우 요괴와 벗어나려는 김 생원에게 어떤 일이 벌어질까?

과연 여우 요괴는 김 생원의 간을 먹고 소원을 이룰 수 있을까?

📖 생각하는 그림책 읽기

옛날 옛적에 하늘에서 정기 받고, 땅의 기운 닮아
천하무적 도력을 닦은 여우 요괴 한 마리가 살았는데,
그 여우 요괴, 간 1,000개를 먹으면 무슨 소원이든 이루게 된다나.
그리하여, 999개의 간을 빼 먹고 이제 하나가 남았으니…….

❶ 구미호 이야기를 알고 있나요?

❷ 여우 요괴가 김 생원을 보고 "간이 집채만 한 놈일세"라고 말한 이유는 무엇일까요?

❸ 여우 요괴가 김 생원을 잡아먹지 않고 살려준 이유는 무엇일까요?

❹ 김 생원은 여우 요괴에게 왜 혼인하자고 했을까요?

❺ 각시가 된 여우 요괴가 김 생원 죽이기를 망설인 이유는 무엇일까요?

❻ 김 생원을 만나기 전 여우 요괴의 소원은 무엇이었나요?
   김 생원을 만난 후 여우 요괴의 소원은 무엇이었나요?
   김 생원의 죽음 후 여우 요괴의 소원은 무엇이었나요?
   여우 요괴의 소원이 바뀐 까닭은 무엇일까요?

❼ 함께 한 50년 동안 김 생원에게 여우 요괴는 어떤 존재였을까요?
   함께 한 50년 동안 여우 요괴에게 김 생원은 어떤 존재였을까요?

❽ '여우 요괴와 김 생원' 이야기를 만난 나의 생각을 표현합니다.

책놀이활동 1

✿ 준비물
검은색 A4, 가위, 풀, 흰색 젤리펜, 컬러펜, 필기도구

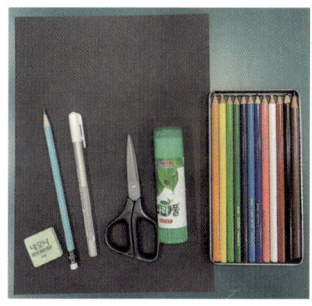

✿ 책놀이 - 아름다운 시절

❶ 검은색 종이에 여우 모습을 그린 후 오립니다.
❷ 여우 요괴와 김 생원의 아름다웠던 순간을 글과 그림으로 표현합니다.
　예) 눈 오는 날 김 생원과 함께 눈길을 걸었던 순간
❸ 소개합니다.

[예시]

   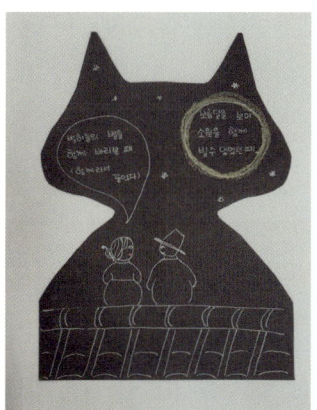

『 여우 요괴 』 35

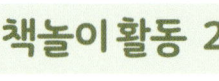 책놀이활동 2

✿ 준비물
포스트잇, 필기도구

✿ 책놀이 – 주인공 인터뷰(모둠 활동)

❶ 김 생원에게 질문하고 싶은 것을 포스트잇 세 장에 씁니다.
   (포스트잇 한 장에 질문 하나)
❷ 돌아가며 자신이 만든 질문을 소개합니다.
❸ 인터뷰에 적절한 질문 세 가지를 고릅니다.
❹ 김 생원 역할을 뽑습니다.
❺ 질문하면 김 생원 역할을 맡은 사람이 대답합니다.
❻ 같은 방법으로 여우 요괴 인터뷰를 합니다. (❶~❺)
❼ 두 번의 인터뷰가 끝난 후 소감을 나눕니다.

✿ 책놀이 – 확장하기(골라 쓰는 재미가 있는 글감)

❶ 등장인물 인터뷰 기사 쓰기: '주인공 인터뷰' 활동을 바탕으로 인터뷰 기사 쓰기를 합니다.
❷ 특집 기사 쓰기: '생각하는 그림책 읽기의 ❽'을 참고하여 김 생원과 여우 요괴의 이야기를 특집 기사로 씁니다
❸ 4컷 또는 6컷 만화 그리기: 김 생원과 여우 요괴의 사랑을 만화로 표현합니다.
❹ 기념비문 쓰기: 김 생원과 여우 요괴의 사랑을 기리는 기념비문을 씁니다.

『생일』

울리카 케스테레 글·그림, 김지은 옮김
출판사: 문학과지성사, 출간일자: 2023.01.18.

생일을 기념하고 축하하는 다양한 모습을 통해 다름과 존중을 배울 수 있는 그림책이다. 생일이 되면 케이크에 나이 수대로 촛불을 켜고 생일 축하 노래로 기념하지만 다 그런 것은 아니다. 맛있는 케이크를 잔뜩 구워놓고 아무도 초대하지 않은 곰돌이가 있는가 하면, 호랑이는 친구들을 초대해 커다란 식탁에서 선물 받기를 기다리기도 한다. 선물보다 친구들이 자신을 바라봐 주는 게 너무 좋기 때문이다. 또 맛있는 걸 먹는 것보다 친구들과 신나게 춤추며 노는 게 더 좋은 푸들도 한껏 들떠 있다. 다 자기가 좋아하는 방식으로 생일을 보내는 동물들의 모습은 더할 나위 없이 행복해 보인다. 그런데 모두 이렇게 떠들썩하게 보내는 걸 좋아하는 건 아니다. 조랑말은 가장 친한 친구 나비와 배가 아플 때까지 웃으며 행복한 생일을 보내고, 사자는 자기 생일조차도 까먹은 채 쿨쿨 잠만 자기도 한다.

생일을 기쁘게 생각하는 사람도 있고, 나이를 더 먹는다는 생각에 두려워하는 사람도 있다.

일 년에 한 번 어김없이 찾아오는 생일을 어떻게 보내고 싶은지 생각해 볼 수 있다.

📖 생각하는 그림책 읽기

❶ 나는 생일을 어떻게 보내고 있나요?

❷ 등장인물들이 생일을 보내는 방법이 제각기 다른 이유는 무엇일까요?

> 용 이고르는 팔백마흔세 살인 게 엊그제 같은데 세상에! 또 한 살을 더 먹었다는 거예요. 이렇게 한 해가 빨리 가다니, 살려 주세요!

> 올빼미 올라프는 변화를 사랑해요. 나이 먹는 일을 굉장한 일이라고 생각하죠. 생일을 얼마나 자랑스러워하는지 몰라요. 나이가 많아질수록 뽐낼 일도 더 많아진다고 생각해요.

❸ 용 이고르와 올빼미 올라프는 생일을 맞이하는 마음이 다릅니다. 왜 그럴까요?

> 늑대에게는 파티도 없고, 케이크도 없고, 조그마한 생일 파티 모자조차도 없었어요. 그냥 항해할 뿐이에요. 보통의 날과 다름없이.

❹ 늑대가 보통의 날과 다름없이 생일을 보내는 이유는 무엇일까요?
　늑대의 마음은 어떨까요?

❺ 『생일』 중 누구의 생일이 기억에 남나요?

> 오늘은 대단하거나, 조촐한 당신의 날이에요. 어떻게 축하할 거예요? 시끌벅적하게 보낼 건가요? 아니면 잔잔하고 차분하게? 또는 아무 일도 없이?

❻ 생일을 어떻게 보내고 싶나요?

책놀이 활동

준비물
검은색 A4, 가위, 풀, 흰색 젤리펜, 컬러펜, 필기도구

책놀이 – '생일' 책

❶ 생일에 대해 이야기를 나눕니다.

[예시]
> 사람들은 왜 생일을 기념할까요?
> 생일을 축하해 주었던 경험을 이야기합니다.
> 가장 기억에 남는 생일이 있나요? 왜 그런가요?
> 사람들은 생일을 어떻게 보내고 있나요?
> ⋮

❷ 속지로 사용할 종이를 가로, 세로 3cm 잘라낸 후 반으로 접습니다.
❸ 아래와 같이 자르고 안으로 접어 넣습니다.

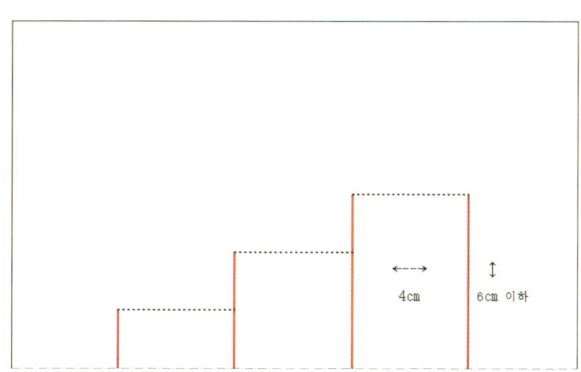

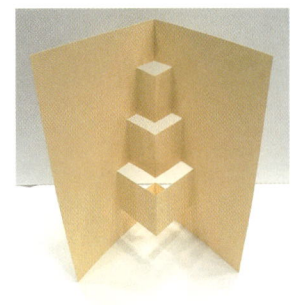

❹ 표지로 사용할 종이를 반으로 접습니다.
❺ ❸에 풀칠하여 표지에 붙입니다.

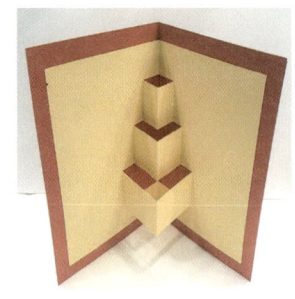

❻ 케이크 부분에 그림을 그려 꾸밉니다.
❼ ❶에서 나눈 이야기를 쓰고 표지를 꾸밉니다.
❽ 소개하고 전시합니다.

[예시]

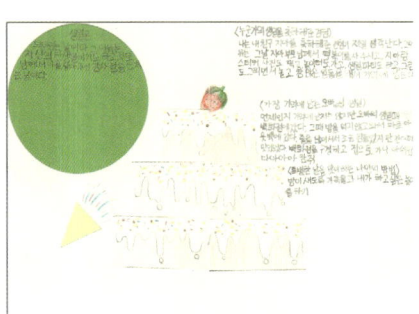

『겨울 이불』

안녕달 글·그림
출판사: 창비, 출간일자: 2023.01.09.

추운 겨울날을 따뜻한 온기로 채워주는 아랫목의 추억을 소환한 그림책이다. 『겨울 이불』에는 안녕달 작가가 『수박 수영장』에서 보여준 판타지가 고스란히 묻어있다. 겨울날 두툼한 이불 속은 할머니, 할아버지에서 아빠로 이어지는 타임머신의 역할을 한다. 이는 평소 할머니가 어린 손주를 무릎에 누이고 "내 어릴 적에는 말이야" 하고 들려준 이야기가 바탕이 되었을 터이다.

겨울 이불은 어느 순간 찜질방의 공간이 되어 사람뿐만 아니라 동물들에게도 행복한 공간이 된다. 덕분에 책을 읽고 나면 마음까지 따뜻해진다.

📖 생각하는 그림책 읽기

❶ '겨울' 하면 무엇이 떠오르나요?

❷ 겨울의 기억을 떠올립니다.

❸ 겨울에 꼭 해봐야 하는 것이 있다면 무엇일까요?

❹ '겨울 이불'에 초대받는다면 함께하고 싶은 것은 무엇인가요?

"애가 몸이 참 따끈하네."

❺ 아빠 말의 의미를 헤아려봅니다.

❻ 왜 작가는 책 제목을 『겨울 이불』이라고 했을까요?

❼ '겨울 이불'처럼 떠올리기만 해도 마음이 따끈해지는 것이 있나요?

책놀이활동 1

❀ **준비물**
A5, 컬러펜, 필기도구

❀ **책놀이 – 나도 끼워줘!**

❶ 『겨울 이불』에서 가장 기억에 남는 장면을 이야기합니다.
❷ '겨울 이불'에 초대받는다면 함께하고 싶은 것을 떠올립니다.
❸ 종이에 ❷를 그리고 소개합니다.
❹ 모두 모아 '우리들의 겨울 이불'을 만듭니다.

[예시]

책놀이 활동 2

❊ 준비물
8절 색지 1/3(9×39cm), 컬러펜, 필기도구

❊ 책놀이 - 우리들의 겨울 이야기

❶ 잊지 못할 것 같은 겨울의 기억을 떠올립니다.
❷ 준비한 종이를 표지에 세로로 감아 띠지가 되도록 접습니다.
❸ 띠지에 겨울의 기억을 만화로 표현합니다.
❹ 책에 띠지를 끼워 소개합니다.

[예시]

❊ 책놀이 - 확장하기(어른들의 겨울 이야기)
주변 어른들에게 어린 시절 겨울 이야기를 듣고 그 이야기를 띠지에 담습니다.

[예시]

『 너의 하루가 궁금해 』

리처드 존스 글·그림, 공경희 옮김
출판사: 웅진주니어, 출간일자: 2022.11.22.

집고양이지만 자유롭게 산책하러 다니는 고양이가 있다. 고양이는 집에 들어오고 싶을 때는 앞발로 똑똑 문을 두드린다. 들어와서는 꼬마 집사의 다리에 꼬리를 감는다. 그러면 고양이 턱밑을 살살 간지럽혀 준다. 고양이를 아는 사람들이 하는 행동이다.

꼬마 집사는 늘 바깥나들이 나간 고양이의 안부가 궁금하다. 오늘은 어디에 갔었니? 누구를 만났니?

무얼 보았니? 어떤 이야기를 들었니? 즐거웠니? 혹시 무섭지는 않았니?

꼬마 집사의 질문에 고양이는 그림으로 답을 해준다.

꼬마 집사와 고양이 사이가 마치 자상한 엄마와 사랑스런 아이의 모습처럼 다가오는 그림책이다.

생각하는 그림책 읽기

❶ 아이는 왜 야옹이의 하루가 궁금할까요?

❷ 하루를 어떻게 보내는지 궁금한 사람(대상)이 있나요? 왜 궁금한가요?

❸ 나의 하루를 궁금해하는 사람이 있을까요? 누구일까요? 왜일까요?

책놀이활동 1

✿ 준비물
없음

✿ 책놀이 - 대신 이야기해 줘!

❶ 교사가 글을 읽어줍니다.
❷ 학습자는 야옹이가 되어 그림을 보고 이야기합니다.

[예시]

| "누구를 만났어?" 장면 | 교사: 누구를 만났어?
학습자1: 친구를 만났어.
교사: 어떤 친구들을 만났니?
학습자2: 노란고양이, 검정고양이, 회색고양이.
학습자3: 빨간 새도 만났어.
⋮
교사: 친구들이 이야기한 내용을 정리해서 이야기해 볼까?
학습자1: 야옹이가 길에서 기다리고 있던 노란고양이, 검정고양이, 회색고양이를 만났어. 음수대에 앉아있는 빨간 새도 세 마리 만났어. |

| "어떤 이야기를 들었어?" 장면 | 교사: 어떤 이야기를 들었어?
학습자1: 왕이 된 걸 축하해.
학습자2: 축하하는 노래도 불렀어.
학습자3: 놀랍게도 쥐도 축하해 줬어.
학습자4: 새들도 노래 부르며 축하해 줬어.
⋮ |

 TIP
야옹이가 되어 대답하는 과정에서 그림 읽는 법을 익힙니다.

📖 책놀이활동 2

✿ 준비물
젠가, 질문지용 종이

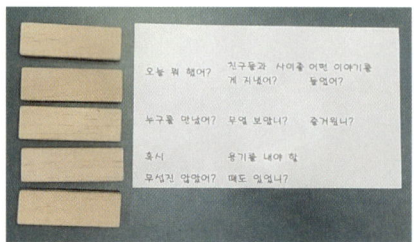

✿ 책놀이 - 질문 젠가 놀이

❶ 젠가에 붙일 질문지를 준비합니다.

[예시]

오늘 뭐 했어?	친구들과는 사이좋게 지냈어?	어떤 이야기를 들었어?

❷ 전체 젠가의 60~70%만 질문지를 붙입니다.
❸ 젠가를 쌓고 젠가 놀이를 합니다.

❹ 젠가를 뽑은 사람은 해당 질문을 소리 내어 읽고 질문에 답을 합니다.
질문이 없는 젠가를 뽑았을 때는 이야기할 기회가 없습니다.
질문이 없는 젠가를 뽑은 학습자는 대답할 수 없기 때문에 놀이가 더욱 즐거워집니다.

💛 **TIP**
아이스크림 막대에 질문지를 붙이고 뽑아서 발표하는 방식으로 활동할 수 있습니다.

책놀이활동 3

❀ 준비물
스크랩북(무광, 5p), 컬러펜, 필기도구

❀ 책놀이 – '나의 하루가 궁금하니?' 책

❶ 나의 하루를 떠올려 봅니다.
❷ 나의 하루를 잘 표현할 수 있는 질문을 선택해 스크랩북에 씁니다.

[예시]

오늘은 어디에 갔었니?	누구를 만났어?	무얼 보았니?
어떤 이야기를 들었어?	즐거웠니?	혹시 무섭진 않았어?
용기를 내야 할 때도 있었니?	친구들과는 사이좋게 지냈어?	오늘 뭐 했어?

❸ 글과 그림으로 답을 합니다.
❹ 표지를 꾸밉니다.
❺ 완성한 책을 바탕으로 나의 하루를 소개합니다.

[예시]

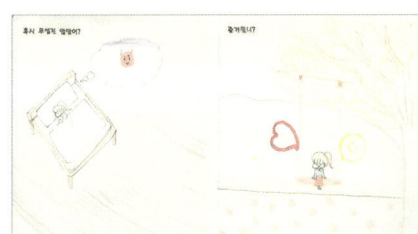 

 TIP
라벨지에 질문을 인쇄하여 준비할 수 있습니다.

『노는 게 좋은 ㅡ·ㅣ』

전정숙 글, 김지영 그림
출판사: 올리, 출간일자: 2022.09.06.

훈민정음의 모음 글자는 하늘(·)과 땅(ㅡ), 사람(ㅣ)을 각각 본떠서 만들었다. ·는 하늘을 본떠 둥글게, ㅡ는 땅을 본떠 평평하게, ㅣ는 서 있는 사람을 본떠 곧게 만들었다. ㅡ의 위쪽과 ㅣ의 바깥쪽(오른쪽)에 ·를 합해 ㅗ와 ㅏ를 만들었고, ㅡ의 아래쪽과 ㅣ의 안쪽(왼쪽)에 ·를 합해 ㅜ와 ㅓ를 만들었다. 이런 방식으로 기본 세 글자를 결합해 지금 우리가 쓰는 ㅏㅑㅓㅕ…… 모음의 형태가 완성된 것이다. 모음은 기본 글자인 ㅡ와 ㅣ를 기준으로 ·를 결합하는 '가획의 원리'와 상하좌우로 완벽한 대칭을 이루는 '대칭의 원리'로 고안된 과학적인 글자이다.

땅이와 사람이는 같은 동네에 살고 있지만 서로 너무 달라 친하지 않았다. 그래서 땅이와 사람이는 다른 동네 자음 친구들과 어울려 놀았다. 그러던 어느 날, 하늘이가 이사를 온다. 둥글둥글해서 어디든 잘 굴러다니고 누구와도 잘 지내는 하늘이 덕분에, 세 친구가 모이면 뭐든지 만들어 더 신나게 놀 수 있다는 걸 깨닫게 된다.

모음인 땅이, 사람이, 하늘이가 자음 친구들을 만나 즐거운 시간을 보내는 이야기로 쉽고 재미있게 한글의 제자 원리를 알려준다.

📖 생각하는 그림책 읽기

❶ 노는 게 좋은 'ㅡ, ᆞ, ㅣ'은 무엇일까요?

❷ ㅡ, ᆞ, ㅣ 은 무엇을 보고 만들었을까요?

❸ 자음 친구들에게 〈ㅡ땅이〉만 있다면 어떻게 될까요?

❹ 자음 친구들에게 〈ㅣ사람이〉만 있다면 어떻게 될까요?

❺ 자음 친구와 〈ㅡ땅이〉와 〈ᆞ하늘이〉가 만나면 어떻게 될까요?

❻ 자음 친구와 〈ㅣ사람이〉와 〈ᆞ하늘이〉가 만나면 어떻게 될까요?

❼ 자음 친구들과 〈ㅡ땅이〉, 〈ᆞ하늘이〉, 〈ㅣ사람이〉가 만나면 어떻게 될까요?

책놀이 활동 1

❀ **준비물**

자음카드, 성냥스틱(ㅡ), 단추(•), 컬러 성냥스틱(ㅣ)

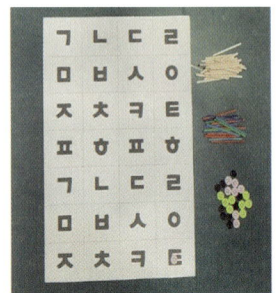

❀ **책놀이 - 내 이름의 땅이, 하늘이, 사람이**

❶ 자음카드와 〈ㅡ 땅이〉, 〈• 하늘이〉, 〈ㅣ 사람이〉로 내 이름을 만듭니다.
❷ ❶에서 〈ㅡ 땅이〉를 빼고 이름을 소리 내어 읽습니다.
❸ ❶에서 〈• 하늘이〉를 빼고 이름을 소리 내어 읽습니다.
❹ ❶에서 〈ㅣ 사람이〉를 빼고 이름을 소리 내어 읽습니다.
❺ 활동 후 느낀 것을 이야기하거나 글로 씁니다.

[예시]

 TIP

내가 좋아하는 낱말에서 땅이, 하늘이, 사람이를 찾아봅니다.

책놀이 활동 2

❃ 준비물
ㅡ・ㅣ 활동지, 가위, 컬러펜, 필기도구

❃ 책놀이 – 땅이, 하늘이, 사람이 이야기

❶ 활동지를 4쪽 책 접기 합니다.

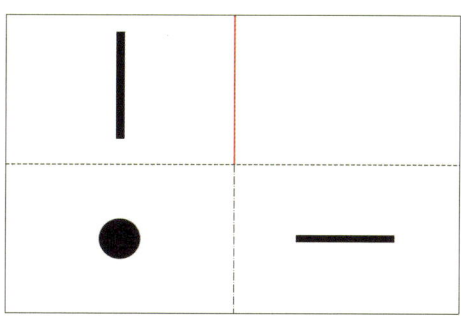

❷ ㅡ・ㅣ가 일부인 그림을 완성합니다. [예시]

❸ 완성한 그림으로 이야기를 만듭니다.
❹ 마지막 장에 만든 이야기를 씁니다.
❺ 표지를 꾸밉니다.

『노는 게 좋은 ㅡ・ㅣ』 53

책놀이활동 3

✿ 준비물
게임 보드, 자음 카드, 모음 카드, 주제 카드, 사전 사용권, 사전, 모래시계(또는 초시계), 주사위 1개, 보드게임 말

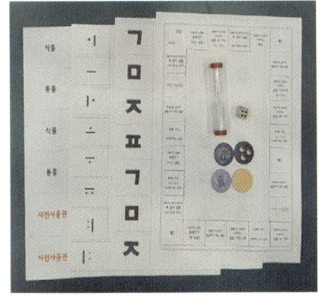

✿ 책놀이 - 노는 게 좋은 자음 모음 보드게임

❶ 각각의 카드를 정해진 자리에 뒤집어 쌓는다.
❷ 게임 보드의【출발 칸】에 각자의 말을 놓는다.
❸ 차례가 되면 뒤집어 놓은 자음 카드 와 모음 카드 를 각각 한 장씩 갖고 주사위를 던진다.
❹ 주사위 숫자만큼 이동하여 미션을 확인한다.
❺ 미리 뽑은 자음, 모음 카드로 글자를 만들고 미션을 수행한다.
❻ 사전 사용권 칸에 말이 놓이면 사전 사용권을 한 장 받는다.
❼ 주제 카드 칸에 말이 놓이면 주제 카드를 확인하고 그에 맞는 낱말을 말한다.
❽ 미션 수행 시간은 모래시계를 이용하거나 초시계를 이용하여 정한다.
❾ 미션을 수행하지 못한 경우에는 원래의 칸으로 돌아간다.
❿ 누구라도【도착 칸】에 도착하면 게임이 끝난다.

✿ 게임 보드 설명서

미션	예시 및 설명
만들어진 낱말로 끝말잇기 (다섯 낱말)	만들어진 글자가 '가'라면 '가위-위염-염소-소파-파스'처럼 낱말 다섯 개를 말한다.
만들어진 글자로 시작되는 낱말 두 가지	만들어진 글자가 '더'라면 '더위', '더덕'을 말한다.
만들어진 글자가 들어간 세 글자 낱말 (글자 위치는 상관 ×)	만들어진 글자가 '로'라면 '로케트, 가로등, 을지로' 중 하나만 말한다.
만들어진 글자가 끝 글자가 되는 낱말	만들어진 글자가 '무'라면 '열무'를 말한다.
만들어진 글자로 시작하는 낱말 다섯고개	만들어진 글자가 '자'라면 한 낱말을 생각하고, 이 낱말을 설명하는 다섯 개의 문장을 말한다. '자전거'라는 낱말을 생각했다면 '물건입니다.' '많은 사람들이 이용합니다.' '세 글자입니다.' '바퀴가 있습니다.' '발로 굴려야 합니다.' 이것은 무엇일까요?
주제 카드	만들어진 글자가 '소'이고 주제 카드가 식물이면 '소나무, 능소화, 엽록소' 중 하나를 말한다.
사전 사용권	낱말 만들기에 어려움이 있을 때 언제든 사용할 수 있다. 사용 후 반납한다.

『특별 주문 케이크』

박지윤 글·그림

출판사: 보림, 출간일자: 2022.05.23.

숲속 커다란 떡갈나무에 사는 비둘기 할머니는 케이크를 구워 이웃과 나눠 먹는 걸 좋아한다. 비둘기 할머니가 만든 케이크가 맛있다고 소문이 나면서 주문이 밀려든다.

월요일에는 곰 아저씨가 주문한 막내 생쥐의 생일 축하 케이크, 화요일에는 토끼 소년의 첫사랑 고백 케이크, 수요일에는 달팽이 달콩이가 달리기 시합 후 친구들과 먹을 케이크, 목요일에는 다람쥐 부부의 결혼기념일 케이크, 금요일에는 고양이 남매가 주문한 어버이날 케이크, 토요일에는 레트리버 할아버지의 친구 병문안 케이크를 만든다.

숲속 손님들은 살아온 내력도 다르고 취향도 다르다. 주문한 이유도 생일 축하, 사랑 고백, 병문안 등 제각각이라 생각할 것이 한둘이 아니다. 입맛도 취향도 다르고 주문한 사연도 제각각인 이웃들에게 어울리는 케이크를 척척 만들어 내는 비법이 뭘지 궁금해진다.

이 그림책은 평범한 이들의 소박한 일상에 깃든 특별한 순간을 보여준다.

생각하는 그림책 읽기

❶ 등장인물들은 왜 비둘기 할머니에게 케이크를 주문했을까요?

❷ 비둘기 할머니가 만든 케이크가 특별한 이유는 무엇일까요?

❸ 특별한 케이크를 선물하는 이와 받은 이의 마음은 어땠을까요?

❹ 내가 누군가에게 특별한 케이크를 선물 받는다면 어떨까요?

❺ 특별한 케이크를 선물하고 싶은 이를 떠올려 봅니다.

책놀이활동 1

❀ 준비물
주문서, 필기도구

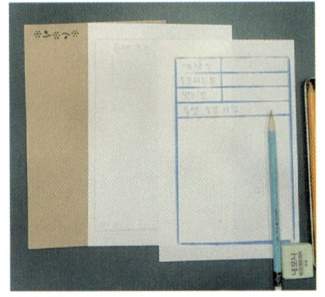

❀ 책놀이 - 특별히 주문합니다!

① 특별한 케이크를 선물하고 싶은 이를 떠올립니다.
② 누구에게, 왜 선물하고 싶은지 이야기합니다.
③ 주문서에 ②를 씁니다.

[예시]

책놀이활동 2

❋ 준비물
활동지, 편지지(엽서, 카드 등), 컬러펜, 필기도구

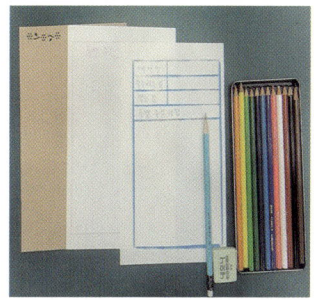

❋ 책놀이 - 특별 주문 케이크

❶ 두 명씩 짝을 지어 한 사람은 비둘기 할머니, 다른 한 사람은 주문자가 됩니다.
❷ 주문자는 특별한 케이크를 선물하고 싶은 이를 떠올립니다.
❸ 주문자는 비둘기 할머니에게 케이크를 누구에게, 왜 선물하고 싶은지 이야기합니다.
❹ 비둘기 할머니는 잘 들으며 주문서를 작성합니다.
❺ 비둘기 할머니는 특별 주문 사항을 참고하여 케이크를 그립니다.
　 이때 주문자는 케이크를 선물하고 싶은 사람에게 편지를 씁니다.
❻ 비둘기 할머니는 주문자에게 '특별 주문 케이크' 시안을 줍니다.
❼ 역할을 바꾸어 ❶에서 ❻까지의 과정을 반복합니다.

[예시]

　　　　주문서　　　　　　　케이크 시안

『특별 주문 케이크』

『작고 푸른 점』

지노 스워더 글·그림, 최정선 옮김
출판사: 밝은미래, 출간일자: 2022.03.25.

"지구에 온 걸 환영해. 이제부터 내가 몇 가지 알려줄게."
태어난 지 얼마 안 된 동생의 고사리손을 잡고 교신하듯 건네는 첫마디이다.
아이는 지구에 몇 년 빨리 온 선배의 마음으로 동생에게 푸른 점 지구에 대한 정보와 그곳에서 살아가기 위해서 해야 할 것을 알려준다. 할아버지의 말을 빌려 "나는 달리기를 엄청 잘하는데 인생은 달리기 시합이 아니어서 어떤 날에는 앞서갈 수도 있지만 어떤 날에는 일이 뜻대로 안 풀려 눈앞이 캄캄하고 좋은 거라곤 하나도 없는 날도 온대"라는 인생에 대한 조언도 한다.
우리가 지구인으로서 누리고 있는 것은 무엇인지, 지구를 위해 할 수 있는 것은 무엇인지 생각하게 한다.

📖 생각하는 그림책 읽기

늑대에게는 파티도 없고, 케이크도 없고, 조그마한 생일 파티 모자조차도 없었어요. 그냥 항해할 뿐이에요. 보통의 날과 다름없이.

❶ 작고 푸른 점이 특별한 이유는 무엇일까요?

❷ 우리들이 작고 푸른 점을 잘 돌봐야 하는 이유는 무엇일까요?

어려서 진짜로 좋은 건 말이야,

❸ 어려서 진짜로 좋은 것은 무엇일까요?

너는 우리 이야기에 무얼 더 채워 넣을래?

❹ 지구인으로서 나는 무엇을 할 수 있을지, 무엇을 새롭게 채우고 싶은지 생각해 봅니다.

『작고 푸른 점』

책놀이 활동 1

❋ 준비물
지름 10cm 원형 종이 여러 장, 마끈, 필기도구

❋ 책놀이 - 새로운 지구인에게

> 너한테 해 주고 싶은 말이 정말 많지만,
> 진짜 진짜 중요한 건 이거야.

❶ 먼저 살아온 지구인으로서 새로운 지구인에게 알려주고 싶은 것들을 이야기합니다.
❷ 원형 종이를 여러 장 나눠줍니다.
❸ 나눈 이야기를 바탕으로 내 생각을 정리해 종이 한 장에 한 가지씩 씁니다.
❹ 글이 안으로 들어가게 반으로 접습니다.
❺ 매듭지은 마끈을 끼우고 풀로 붙여 연결합니다.

[예시]

📗 책놀이활동 2

❁ 준비물
활동지, 필기도구

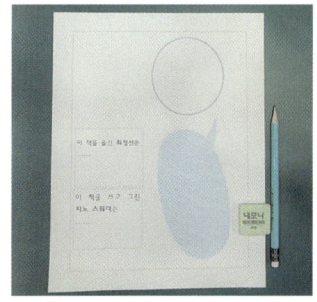

❁ 책놀이 - 독자 소개

❶ 작가와 옮긴이 소개를 살펴봅니다.
❷ 소개 글을 참고하여 이 책을 읽은 나를 어떻게 소개할지 생각합니다.
❸ 동그라미에 자신의 모습을 그리고 말주머니에 소개 글을 씁니다.

[예시]

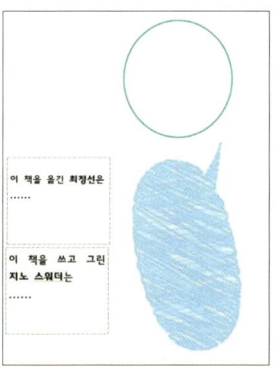 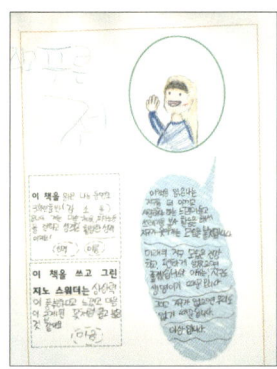 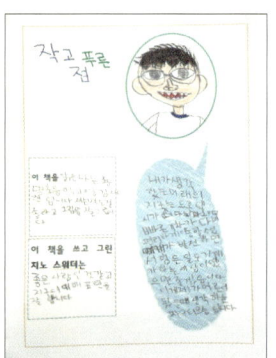

 TIP
학습자가 책과 지은이, 옮긴이를 소개할 수 있습니다.

『작고 푸른 점』

책놀이활동 3

✿ **준비물**
활동지, 필기도구

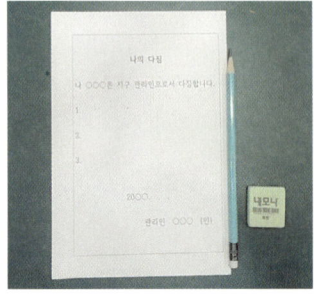

✿ **책놀이 - 나는 지구 관리인**

❶ 지구 관리인으로서 해야 할 일에 대해 이야기를 나눕니다.

> 이 작고 푸른 점을 돌볼 새로운 관리인이야.

❷ 지구 관리인으로서 '나의 다짐'을 활동지에 씁니다.
❸ '나의 다짐' 선서식을 합니다.

[예시]

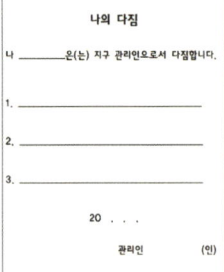 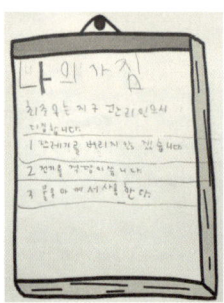 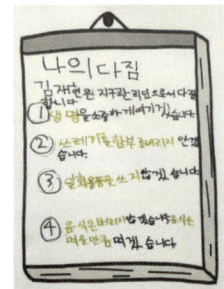 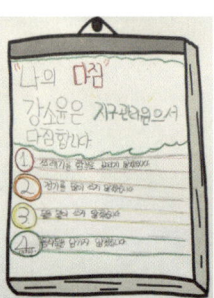

『내가 가장 듣고 싶은 말』

허은미 글, 조은영 그림
출판사: 나는별, 출간일자: 2021.07.07.

동구에게 일어난 이상하고 특별한 하루를 담은 그림책이다.
아홉 살 생일을 맞은 동구의 하루는 잔소리를 듣는 것으로 시작된다.
"동구야, 어서 밥 먹지 않고 뭐 하냐. 그러다 또 지각혀." 할머니의 잔소리부터 "우산 챙겼냐?"는 아빠의 잔소리. 학교에서는 선생님의 잔소리.
동구는 아무도 자기 마음을 몰라주는 것 같아 눈알이 튀어나올 만큼 억울하고 화가 난다. 동구는 왜 꽈배기처럼 마음이 꼬였을까?
과연 동구가 가장 듣고 싶은 말은 무엇일까?

📖 생각하는 그림책 읽기

❶ 앞표지를 살펴봅니다. 아이에게 무슨 일이 있었을까요?

❷ '마음이 덜컹거린다'는 어떤 마음일까요?

❸ 동구의 마음이 왜 덜컹거렸는지 헤아리며 책을 읽습니다.

❹ 해바라기 선생님이 등을 어루만졌을 때 동구의 표정이 달라진 이유를 생각해 봅니다.

가장 무서운 할머니가 나를 보고 웃기까지 한다.
지혜 엄마가 나를 부르더니 엄지를 치켜올렸다.
옆집 형은 괜히 아는 척을 하며 머리를 헝클어 놓는다.
이상한 날이다.

❺ 동네 사람들은 왜 그랬을까요?

❻ 가장 듣고 싶은 말을 들은 동구의 마음을 헤아려 봅니다.

백 번도 넘게 듣고 싶던 말,
아무리 들어도 질리지 않는 말,

❼ 내가 가장 듣고 싶은 말을 생각해 봅니다.

책놀이 활동 1

❁ 준비물

A4 180g, 털실, 펀칭, 커팅매트, 자, 칼, 컬러펜, 필기도구

❁ 책놀이 - 하고 싶은 말, 듣고 싶은 말

❶ 가렌다 종이를 아래와 같이 준비합니다.

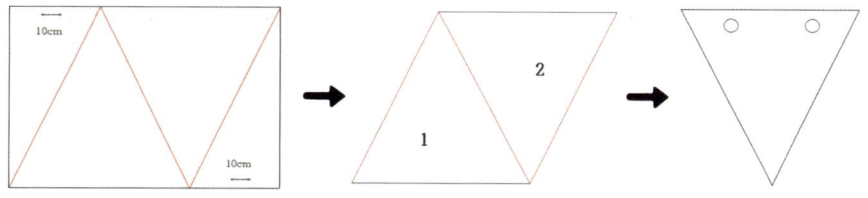

❷ 동구에게 해주고 싶은 말을 떠올립니다.
❸ 종이 앞면에 떠올린 말을 쓰고 꾸밉니다.
❹ 내가 가장 듣고 싶은 말을 떠올립니다.
❺ 종이 뒷면에 내가 가장 듣고 싶은 말을 쓰고 꾸밉니다.
❻ 동구에게 해주고 싶은 말과 내가 가장 듣고 싶은 말을 소개합니다.
❼ 실을 꿰어 가렌다를 완성합니다.

[예시]

 책놀이 활동 2

❋ 준비물
활동지, 필기도구

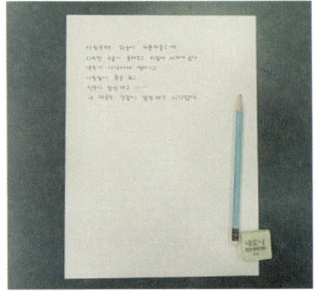

❋ 책놀이 - 주인공이 되어

❶ 동구가 오늘 겪은 일을 떠올려 봅니다.
❷ 동구가 되어 오늘의 일기를 이어 씁니다.
❸ 동구의 일기를 발표합니다.
❹ 동구가 되어 일기를 쓴 소감을 나눕니다.

[예시]

『일요일, 어느 멋진 날』

플뢰르 우리 글·그림, 김하연 옮김
출판사: 키위북스, 출간일자: 2021.07.01.

오늘은 일요일, 클레망틴은 엄마, 아빠를 따라 시골에 사는 할머니 댁에 간다. 엄마는 차 속에서 예의 바르게 행동할 것을 일러준다. 할머니는 반갑게 끌어안지만 클레망틴은 할머니가 불편하기만 하다. 식사 시간도, 엄마, 아빠의 여름 휴가 이야기도 재미없다. 예의를 강조하는 엄마, 아빠 앞에서는 싫은 티를 낼 수도 없다.

따분해서 견딜 수가 없었던 클레망틴은 자리를 벗어나 정원으로 나간다. 그러다 정원 울타리에서 작은 구멍을 발견하고 안으로 들어간다.

클레망틴은 꼬불꼬불한 길 끝에서 낯선 소년을 만난다. 어느새 둘은 마음껏 어울리며 즐거운 시간을 보낸다.

떠나올 때 할머니를 힘껏 껴안은 클레망틴의 옷에는 자잘한 나뭇가지들이 잔뜩 묻어있다. 낯선 공간에서 낯선 친구와 함께했던 순간은 할머니를 바라보는 클레망틴의 눈과 마음을 바꾸어 놓았다.

📖 생각하는 그림책 읽기

❶ 할머니 집에 간 클레망틴은 왜 즐거워 보이지 않을까요?

❷ 클레망틴이 할머니를 만날 때와 헤어질 때 모습은 어떻게 다른가요? 왜 그럴까요?

❸ 클레망틴이 "너는 왜 털이 없니?"라고 말했을 때와 "같이 놀래?"라고 말했을 때 아이의 반응을 살펴보고 왜 그런지 헤아려 봅니다.

❹ 정원의 작은 구멍으로 들어간 일은 클레망틴에게 어떤 의미가 있을까요?

📖 책놀이활동 1

✿ 준비물
종이, 말주머니 포스트잇, 필기도구

✿ 책놀이 - 1,000가지 이야기

❶ 아래의 글감 중 하나를 제시합니다.

> 클레망틴과 아이가 만났을 때부터 헤어질 때까지의 장면 말주머니 채우기
> 할머니의 생각주머니 채우기
> 멋진 일요일을 보낸 클레망틴의 일기
> 멋진 일요일을 보낸 클레망틴이 할머니께 쓰는 편지
> 뒷면지에서 시작하는 할머니의 이야기

❷ 글감에 대해 충분히 생각하고 이야기를 나눕니다.
❸ 글감과 어울리는 종이에 글을 씁니다.
❹ 글을 소개합니다.

『일요일, 어느 멋진 날』

책놀이활동 2

✿ 준비물
8절 종이 1/2, 필기도구

✿ 책놀이 - 나의 할머니, 나의 할아버지

❶ 할머니 또는 할아버지를 떠올립니다.
❷ 종이를 아래와 같이 병풍접기 하여 준비합니다.

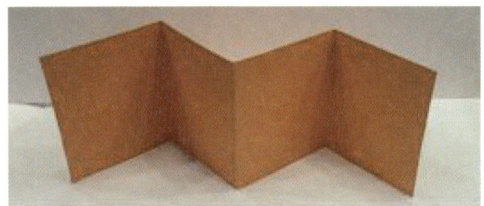

❸ 할머니, 할아버지에 대해 알고 있는 것을 자세히 씁니다.
　　예) 자주 하는 말, 좋아하는 음식, 즐겨보는 TV 프로그램, 잘하는 것 등
❹ 할머니, 할아버지에 대해 더 궁금한 것을 질문으로 만듭니다.
❺ 만든 질문을 직접 여쭤보고 들은 이야기를 씁니다.
❻ 활동 후 느낀 점을 쓰고 표지를 꾸밉니다.

[예시]
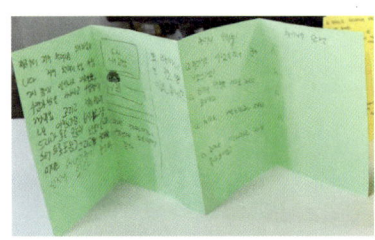 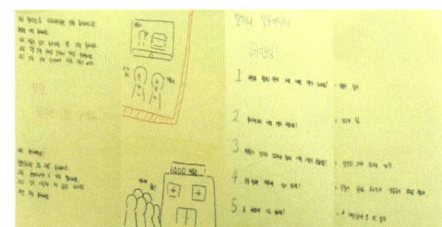

『 특별하고 소중한 낡은 여행 가방 』

크리스 네일러-발레스터로스 글·그림, 김현희 옮김
출판사: 사파리, 출간일자: 2021.05.30.

어느 날 커다랗고 낡은 여행 가방을 끙끙거리며 꼬마 동물이 나타난다. 꼬마 동물은 지쳐서 힘이 없는 데다 슬프고 겁먹은 모습이다. 마을에 살고 있던 새, 토끼, 여우는 꼬마 동물에게 가방 속에 뭐가 들어있는지 물어본다. 처음에는 찻잔이 들어있다고 한다. 이 커다란 가방 속에 찻잔만 들어있냐고 하니까 생각났다는 듯 찻잔을 놓을 탁자랑 편히 앉아서 차를 마실 수 있는 나무 의자도 들어있다고 한다. 꼬마 동물의 말에 말도 안 된다고 생각한 동물들은 꼬마가 잠들어 있는 사이에 낡은 여행 가방을 몰래 열어본다. 높은 산을 수없이 넘고, 넓은 바다를 함께 하면서도 놓지 않은 가방에는 어떤 사연이 있을까?

새로운 누군가를 만났을 때, 어떤 이는 호기심에 먼저 다가가 이것저것 묻지만 상황에 따라 태도를 바꾸고, 어떤 이는 최대한 우호적으로 대한다. 또 어떤 이는 상대를 줄곧 경계하며 믿지 못한다. 새, 토끼, 여우들을 통해 낯선 이를 대하는 우리 모두의 모습을 돌아보며 우리가 타인에게 베풀 수 있는 최소한의 친절과 배려, 관용이 무엇인지 생각하게 한다.

📖 생각하는 그림책 읽기

❶ 꼬마 동물이 친구들을 만나기 전까지 여정이 어땠을지 헤아려 봅니다.

❷ 꼬마 동물은 왜 나무로 둘러싸인 언덕 위의 집을 떠나야 했을까요?

❸ 커다랗고 낡은 여행 가방을 끙끙거리며 끌고 다니는 이유를 생각해 봅니다.

이윽고 꼬마 동물은 잠에서 깼어요.
그 순간 눈앞에 광경을 보고 깜짝 놀라고 말았지요.

❹ 꼬마 동물은 왜 놀랐을까요?

❺ 친구들이 꼬마 동물의 깨진 찻잔을 붙여놓고, 작은 나무집, 탁자, 의자를 만든 이유를 생각해 봅니다.

저기, 아주 작은 문제가 있긴 한데….
다 함께 차를 마시려면 찻잔이 더 필요해!

❻ 뒤에 이어질 장면을 상상해 봅니다.

❼ 꼬마 동물의 가방이 '특별하고 소중한' 이유는 무엇일까요?

책놀이활동 1

❋ 준비물
대본, 기타 소품

❋ 책놀이 - 특별하고 소중한 연극

❶ 교사는『특별하고 소중한 낡은 여행 가방』의 글을 대본으로 준비합니다.
❷ 4~5명이 한 모둠이 되어 꼬마 동물, 새, 토끼, 여우, 해설 역할을 정합니다.
❸ 역할에 맞게 대본을 읽으며 연습합니다.
❹ 모둠별로 무대에서 연극을 합니다.
❺ 등장인물이 되어본 느낌과 관객으로서의 감상을 이야기합니다.

[예시]

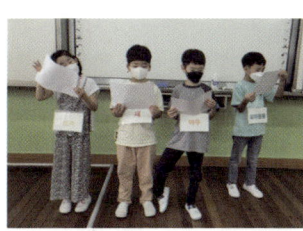

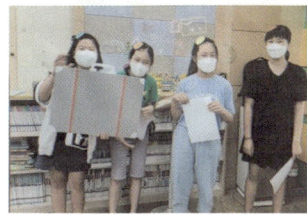
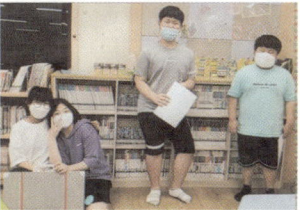

 TIP
연극은 등장인물이 되어 마음을 헤아리는 데 의미가 있습니다.

책놀이활동 2

✿ 준비물
5×7 종이액자, 내지, 마끈, 나무집게, 컬러펜, 필기도구

✿ 책놀이 - 특별하고 소중한 사진

> 저기, 아주 작은 문제가 있긴 한데….
> 다 함께 차를 마시려면 찻잔이 더 필요해!

❶ 위 장면에서 꼬마 동물과 친구들의 마음을 헤아려 봅니다.
❷ 뒤에 이어질 장면을 상상하여 내지에 그리고 종이액자에 끼웁니다.
❸ 특별하고 소중한 사진을 소개합니다.
❹ 액자에 마끈 고리를 붙여 전시합니다.

[예시]

💛 TIP
'특별하고 소중한 연극'의 모둠이 뒤에 이어질 장면을 정지 동작으로 표현하고 사진을 찍어 '특별하고 소중한 사진'을 남길 수 있습니다.

『걱정 마, 오리 인쇄소』

카테리나 사드 글·그림, 신수진 옮김
출판사: 키다리, 출간일자: 2021.03.03.

인간들이 떠나버린 외딴 오리 농장. 돌봐줄 사람들이 없는데 이제 오리들은 어떻게 해야 할까? 오리들은 인간의 언어를 배워서 "돌봐줄 사람 구합니다!"라는 광고를 낼 계획을 세운다.

"이봐, 붓을 발로 꽉 잡아. 아니면 날개로 잡든가……."

블루베리를 으깬 물감으로 쓰고 쓰고 또 써보지만 글자 쓰는 법은 어렵기만 하다.

오리들이 죄다 밟고 다닌 농장은 발자국으로 엉망진창이 된다. 그런데 고슴도치가 오리 발자국이 찍힌 담요를 발견하고는 사과를 줄 테니 달라고 한다.

세상에 하나뿐인 그림에 대한 소문을 듣고 숲속 동물들이 찾아온다. 덕분에 오리들은 겨울 동안 먹을 충분한 양식을 마련한다.

생각하는 그림책 읽기

농장에는 오리들만 덩그러니 남겨졌습니다.

❶ 농장에 오리들만 덩그러니 남겨졌다는 것은 어떤 상황일까요?

❷ 덩그러니 남겨진 오리들의 마음은 어땠을까요?

❸ 덩그러니 남겨진 오리들은 어떻게 살아가야 할까요?

❹ 오리들은 왜 글자를 배우려고 했나요?

❺ 오리들이 글자를 배우려고 한 것은 어떤 결과를 가져왔나요?

❻ 오리들이 그림을 찍어서 먹을거리를 마련할 수 있음에도 겨울 동안 글자를 완벽하게 익힌 이유는 무엇일까요?

책놀이활동 1

🌸 준비물
에바폼, 에바막대, 무지 손수건 또는 무지 가방,
패브릭 스탬프, 양면테이프

🌸 책놀이 - 그림을 찍어드려요!

❶ 에바폼과 에바막대를 이용하여 오리 발바닥 모양의 도장을 만듭니다.

❷ 무지 손수건에 도장을 찍어 세상에 하나뿐인 작품을 만듭니다.
❸ 작품을 소개합니다.

[예시]

 TIP
한지에 스탬프를 찍는 활동으로 대신할 수 있습니다.

『 걱정 마, 오리 인쇄소 』

책놀이활동 2

준비물
A4 모조지, 컬러펜

책놀이 - 오리 인쇄소 광고

① 오리 인쇄소 광고에 들어갈 내용을 생각해 봅니다.
  예) 업체명, 전화번호, 위치, 홍보문구, 해시태그 등
② ①을 바탕으로 광고지를 제작합니다.

[예시]

 TIP
잡지 등을 이용하여 콜라주 기법으로 표현할 수 있습니다.

『어서 와, 여기는 뉴욕이야』

미겔 탕코 글, 미겔 팡 그림, 정혜경 옮김
출판사: 문학동네, 출간일자: 2021.02.23.

『어서 와, 여기는 뉴욕이야』는 뉴욕에서 한참 떨어진 시골 출신 화자가 미국의 동부 도시, 뉴욕을 소개하는 그림책이다. 한 해에만 6천만 명 이상의 관광객이 찾는다는 뉴욕의 모습과 이곳 사람들의 생활 등을 재미있게 담았다. 뉴욕을 대표하는 이름난 명소들이 배경으로 등장하고, 미국의 저명한 인사들이 행인으로 거리를 스쳐 가기도 한다. 작가는 많은 사람들 속에 펭귄, 매머드, 개와 고양이, 쥐, 거북이, 코끼리 등을 함께 등장시켜 화자에 대한 궁금증을 갖게 한다.

하늘에 닿을 듯 높은 건물과 사람들로 북적이는 교차로, 시민과 관광객 모두가 즐기는 베이글과 피자, 화려한 전광판과 네온사인, 아름다운 야경을 보노라면 뉴욕에 가고 싶은 생각이 저절로 든다.

📖 생각하는 그림책 읽기

❶ '뉴욕'에 대해 알고 있는 것을 떠올려 봅니다.

❷ 뉴욕을 소개하는 '나'는 누구일까요?

이제 내가 어엿한 도시 쥐가 됐다는 뜻 아니겠어?

❸ 이 말의 의미를 헤아려 봅니다.

❹ 책에 소개된 뉴욕의 명소 중 꼭 가보고 싶은 곳은 어디인지, 왜 가보고 싶은지 생각해 봅니다.

책놀이활동 1

✿ 준비물

A4 120g, 가위, 풀, 컬러펜, 필기도구

✿ 책놀이 - 어서 와, 여기는 뉴욕이야!

❶ 뉴욕에 간다면 꼭 가보고 싶은 곳은 어디인지, 왜 가보고 싶은지 이야기 나눕니다. 책의 '알아두면 더 많은 것이 보이는 『어서 와, 여기는 뉴욕이야』 속 뉴욕'을 참고합니다.

❷ A4를 아래와 같이 접어 자릅니다.

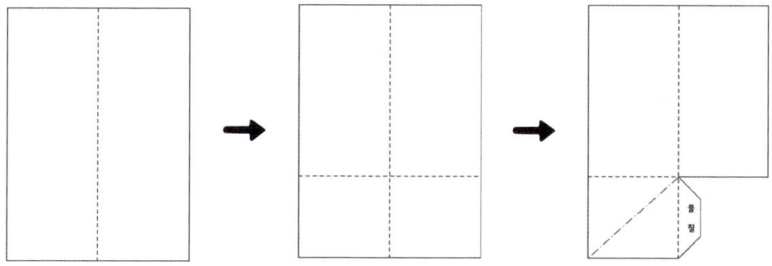

❸ 가보고 싶은 뉴욕의 명소를 ❷에 표현하고 풀칠하여 세웁니다.
❹ 소개하고 전시합니다.

[예시]

 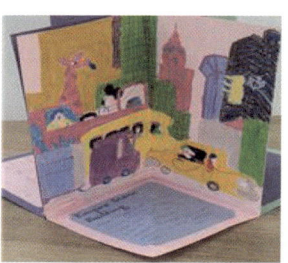 

책놀이 활동 2

❀ **준비물**

A4 120g, 가위, 풀, 컬러펜, 필기도구

❀ **책놀이 - 어서 와, 여기는 ○○이야!**

❶ 내가 사는 도시, 마을에 대해 소개하고 싶은 것을 생각해 봅니다.
❷ '책놀이 활동 1'과 같이 표현합니다.

[예시]

TIP
1. 사진, 그림 등 자료를 수집하면 더욱 좋습니다.
2. '책놀이 활동 1, 2'를 모아 하나의 책으로 완성할 수 있습니다.

『가시 소년』

권자경 글, 하완 그림
출판사: 천개의바람, 출간일자: 2021.02.18.

소년은 스스로를 가시투성이라고 말한다. 소년이 고함을 치면 입에서 가시가 튀어나오고 사람들은 가시를 피해 도망간다. 소년은 관심받고 싶고, 함께 어울리고 싶다. 하지만 어떻게 표현해야 할지 몰라 소리 지르고 거칠게 표현한다.

소년은 자신이 세운 가시 때문에 사람들이 상처받고 본인도 점점 더 외톨이가 되어간다는 사실을 알고 있다. 스스로 가시를 없애려고 하지만 쉽지 않다. 그래서 치과에 가고 치과 의사가 입안의 가시를 뽑아준다.

📖 생각하는 그림책 읽기

❶ 표지 그림을 보고 제목이 왜 『가시 소년』인지 생각해 봅니다.

❷ 소년은 왜 크고 날카로운 가시를 가지고 싶어 할까요?

❸ 소년이 보는 책과 소년의 말과 방의 액자를 살펴보고, 소년의 마음을 헤아려 봅니다.

❹ 소년이 활짝 웃으면서 하고 싶은 말은 무엇일까요?

❺ 소년에게 해주고 싶은 말을 떠올려 봅니다.

❻ 내 마음에 가시가 생겼을 때 가시를 돌보는 나만의 방법을 생각해 봅니다.

❼ 내 마음의 가시를 스스로 돌보기 힘들 때는 어떻게 하면 좋을까요?

📗 책놀이 활동 1

❀ 준비물
활동지 A3, 필기도구

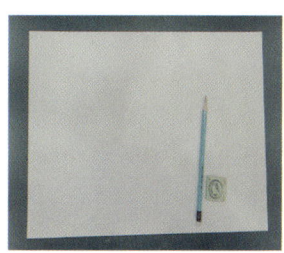

❀ 책놀이 - 마음에 박힌 가시 1(모둠 활동)

❶ 모둠별로 활동지를 한 장씩 나누어 줍니다.
❷ 내가 했거나, 내가 들었던 가시 같은 말을 씁니다.
❸ 어떤 상황에서 가시 같은 말을 했거나 들었는지, 그때의 기분은 어땠는지 이야기를 나눕니다.
❹ 활동지를 어떻게 하고 싶은지 묻습니다.
❺ 아이들의 의견을 존중하여 원하는 대로 하게 합니다.
❻ 구기거나 찢어버리는 등의 행동 후 가시 같은 말들이 사라졌는지 묻습니다.
❼ 가시 같은 말이 사라지지 않는다면 어떻게 해야 할지 이야기 나눕니다.

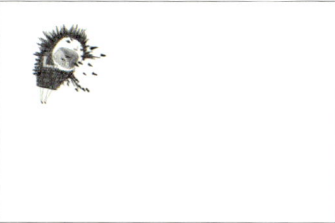

💛 **TIP**

1. 모둠을 나누어 진행할 때 효과적입니다.
2. 글로 쓰기 난처한 말은 특수문자로 쓰게 합니다.
3. 이 활동의 목적은 한 번 상처가 된 말은 사라지지 않는다는 것을 스스로 느끼게 하는 것입니다.

『 가시 소년 』

책놀이 활동 2

❀ 준비물

A4 180g 활동지, 가시 모양 종이, 컬러펜, 필기도구, 풀

❀ 책놀이 - 마음에 박힌 가시 2

❶ 왼쪽 얼굴에 화난 표정을 그립니다.
❷ 가시 모양 종이에 나에게 가시가 되었던 말을 하나씩 씁니다.
❸ 화난 표정의 얼굴에 가시 모양 종이를 붙입니다.
❹ 오른쪽 얼굴에 웃는 표정을 그립니다.
❺ 화가 풀리고 기분이 좋아지는 말을 씁니다.
❻ 표지를 꾸미고 전시합니다.

[예시]

『 이유가 있어요 』

요시타케 신스케 글·그림, 권남희 옮김
출판사: 주니어김영사, 출간일자: 2020.10.20.

『이유가 있어요』는 아이에 대한 이해와 상상력이 돋보이는 그림책이다.

아이가 코를 후비고, 손톱을 깨물고, 다리를 떠는 등의 행동을 할 때 어른들은 지적하고 야단치기 일쑤이다. 하지만 아이에게는 다 이유가 있다. 그 이유가 다소 황당하지만 작가는 유쾌한 상상력으로 아이들의 마음을 대변한다.

손톱을 깨무는 아이를 보고 야단치는 엄마에게 아이는 "어른들에게는 안 들리는 소리로 쓰레기를 뒤지는 새를 쫓아내고 있는 중"이라고 말한다. 아이의 변명은 하나같이 재치 있고 재미있다.

아이에게 이런저런 지적을 하지만, 어른이라고 완벽할 수는 없다. 엄마는 틈만 나면 머리카락을 비비 꼰다. "오늘 저녁에는 뭘 해 먹을까, 뽑기처럼 한 가닥 골라서 정하는 거"라는 재치 있는 대답으로 아이와 마음이 통했음을 보여준다.

📖 생각하는 그림책 읽기

버릇이란 오랫동안 되풀이하여 몸에 밴 행동. - 출처: 보리 국어사전

❶ 나에게는 어떤 버릇이 있는지 생각해 봅니다.

❷ 버릇 때문에 곤란했던 경험을 떠올립니다.

**떳떳한 이유가 있다면
코를 후벼도 될 것 같은데.**

❸ 정말 그럴까요?

❹ 내 버릇의 이유를 생각해 봅니다.

❺ 내 주변 사람들은 어떤 버릇이 있나요?

📖 책놀이 활동 1

✿ 준비물
활동지(A4 또는 A5), 컬러펜, 필기도구

✿ 책놀이 - 이유가 있어요 1

❶ 내 버릇을 떠올립니다.
❷ 활동지의 화살표 위에 내 버릇을 그리거나 씁니다.

[예시]

❸ 버릇의 이유를 생각해 봅니다.
❹ 화살표 아래에 버릇의 이유를 자세히 씁니다.
❺ 소개하고 반으로 접어 전시합니다.

 **책놀이활동 2**

❁ 준비물
활동지 A4, 컬러펜, 필기도구

❁ 책놀이 - 이유가 있어요 2

❶ 내 주변 사람들의 버릇을 떠올립니다.
❷ 활동지의 화살표 위에 주변 사람의 버릇을 그리거나 씁니다.
❸ 버릇의 이유를 생각해 보거나 직접 물어봅니다.
❹ 화살표 아래에 버릇의 이유를 자세히 씁니다.
❺ 소개하고 병풍접기 하여 전시합니다.

[예시]

『연결: 언제나 어디서나 우리는…』

유가은 글·그림

출판사: 길벗어린이, 출간일자: 2020.06.20.

와이파이(Wi-Fi)는 무선으로 인터넷에 연결하는 기술을 말한다. 물결 모양은 와이파이 기기에서 전파가 퍼져 나가는 모습을 기호화시킨 것인데, 이 책에서는 감정의 흐름과 관심, 호감, 사랑의 표시로 사용된다.

『연결: 언제나 어디서나 우리는…』은 엄마가 사랑하는 아들에게 들려주는 이야기로, 엄마와 아이가 교감하고 사랑하는 모습을 두 개의 와이파이 기기가 전파를 보내고 서로 신호를 주고받는 것에 빗대어 표현한 참신한 작품이다.

배 속의 아기와 만날 날을 간절히 기다리는 모습, 잠든 아이를 사랑스럽게 바라보는 모습, 사춘기에 들어선 아이가 소통을 거부했을 때 느꼈을 안타까움, 훗날 어른이 된 아이가 멋지게 인생을 살아나갈 미래를 상상하며 미소 짓는 모습까지. 담담하게 써 내려간 글과 행간 사이사이에서 엄마의 마음이 고스란히 전해진다.

📖 생각하는 그림책 읽기

연결이란 여러 가지의 것을 서로 잇거나 관계가 이어지는 것. - 출처: 보리 국어사전

❶ '연결' 하면 무엇이 떠오르나요?

❷ '언제나 어디서나 우리는…'에서 우리는 누구일까요?

어느 날 너와 나는 연결되었어.

❸ 너와 나는 누구일지 생각하며 책을 읽습니다.

먼 훗날 우리가 멀리 떨어져 있게 되어도
언제나 어디서나
너와 나의 신호는 계속될 거야.

❹ 몸이 닿아있지 않아도, 눈에 보이지 않아도 연결되어 있다고 할 수 있는 이유를 생각해 봅니다.

책놀이 활동

❀ 준비물

A4 120g 색지 또는 8절 색지, 펀칭, 리벳, 가위, 컬러펜, 필기도구

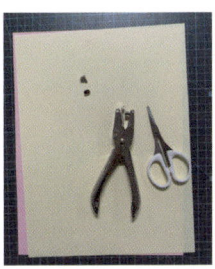

❀ 책놀이 – '연결' 책

❶ A4 색지 또는 8절 색지를 다음과 같은 순서로 접습니다.

❷ 호선을 그린 후 선을 따라 자릅니다.

잘라낸 종이를 펼쳐서 접힌 선을 따라 자르면 부채꼴 종이 4장이 만들어집니다.

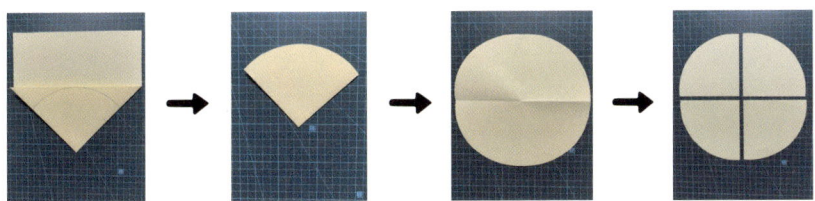

❸ 4장의 종이를 모아 아래와 같이 펀칭으로 구멍을 냅니다.

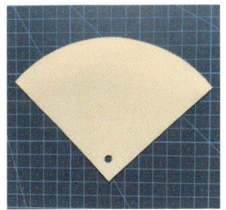

❹ 와이파이의 연결 상태를 표현하는 기호를 수신 강도별로 그립니다.
  펀칭하여 뚫린 구멍은 와이파이 기호의 동그라미 부분이 됩니다.
  선이 없는 종이는 표지가 될 수 있도록 제목을 씁니다.

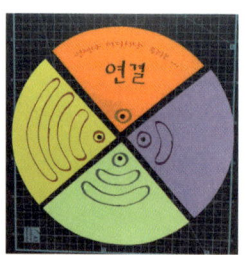

❺ 와이파이 기호를 그린 뒷면에 글을 씁니다.

와이파이 그림	글감	내용
	엄마와 내가 연결이 잘 되어있다고 느낄 때	· 내가 정말 갖고 싶었던 게임기를 사주었을 때 · 말이 잘 통할 때 · 먹고 싶은 것을 말하지 않았는데도 해줄 때
	엄마와 내가 연결이 잘 안 된다고 느낄 때	· 동생만 봐줄 때 · 내가 좋아하는 게임 규칙을 모를 때 · 핸드폰 못하게 할 때
	엄마와 내가 연결이 잠깐 끊기면 좋겠다고 생각할 때	· 학원 가기 싫을 때 · PC방 갈 때 · 게임 할 때 · 시험을 망쳤을 때
	'생각하는 그림책 읽기 ❹' 참고	· 사랑 · 관심 · 믿어주는 것

❻ 종이를 모아 리벳으로 고정합니다.
❼ 완성된 책을 읽으며 이야기 나눕니다.

❹ 와이파이의 연결 상태를 표현하는 기호를 수신 강도별로 그립니다.

[예시]

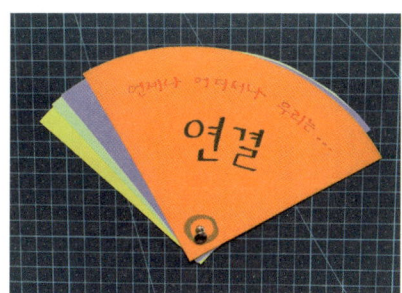 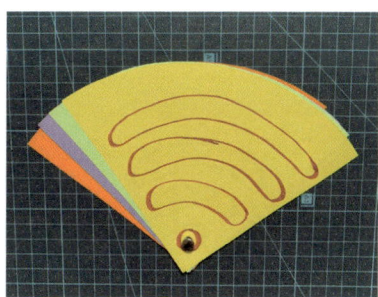

 TIP
1. 다양한 가족 형태를 고려해 연결 대상을 엄마로 한정하지 않고 활동합니다.
2. 다른 책을 읽고 등장인물 간의 관계를 위의 활동으로 표현할 수 있습니다.

『 미장이 』

이명환 글·그림

출판사: 한솔수북, 출간일자: 2020.06.17.

미장이 아빠를 둔 가족의 소박하고 소중한 삶을 담은 그림책이다.

아빠는 일을 나갈 때면 잠든 아이들을 남겨두고 조용히 집을 나서곤 했다. 그래서 '나'는 아빠가 집을 나서는 모습을 본 적이 없다.

아빠는 한 달씩 일을 하고 올 때면 조기를 사 들고 왔다. 아빠가 건물 벽에 쓱쓱 회반죽을 바르고 타일을 붙이는 동안, '나'는 집에서 그림을 그렸다. 아빠가 곁에 없어도 아빠의 작품들은 가족이 가는 곳곳에 함께 있었다.

지하철, 수영장, 목욕탕 등등 주변을 아름답게 꾸미고 있는 아빠의 작품들, 하지만 '나'가 가장 좋아하는 아빠의 작품은 우리 집 목욕탕, 내 발밑에서 조용히 빛나고 있다.

가족을 위해 고단한 하루를 힘차게 살아내는 아빠와 아이들 곁에서 조용히 삶을 꾸리는 엄마, 눈이 가는 곳곳에서 아빠의 흔적을 보며 아빠를 닮고 싶어 하는 아들의 이야기가 아름답다.

📖 생각하는 그림책 읽기

❶ '미장이'는 어떤 일을 하는 사람일까요?

<mark>한 달이나 일을 하고 올 때도 있었다.
그런 날이면 아빠의 손에는 조기가 들려 있었다.
아빠가 부지런히 일을 하면,
우리 식구의 젓가락도 멈출 줄 몰랐다.</mark>

❷ 글에 담긴 의미를 헤아려 봅니다.

<mark>아빠의 작품은 우리 곁에 늘 있다.
하지만 내가 가장 좋아하는 아빠의 작품은 따로 있다.</mark>
　　　　⋮
<mark>내 발밑에서 말없이 빛을 낸다.</mark>

❸ 말없이 빛을 내는 작품은 무엇인가요? 왜 작품이 빛을 낸다고 했을까요?

❹ 왜 아이는 아빠가 붙인 타일을 작품이라고 여기는 것일까요?

『미장이』

책놀이 활동 1

🌸 준비물

5mm 컬러우드락(9×21), 띠 골판지, 휴지심, 색종이,
원형색종이, 풀, 가위, 양면테이프

🌸 책놀이 - 아빠의 흙손 아트

❶ 우드락의 위쪽을 뾰족하게 자릅니다.

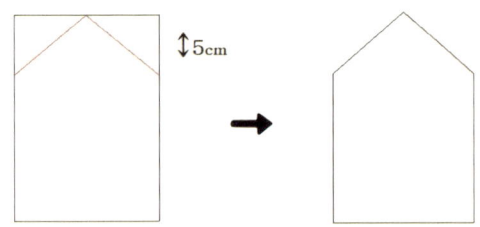

❷ 띠 골판지를 정사각형 또는 직사각형으로 잘라 타일을 만듭니다.
❸ 줄눈 느낌을 살려 타일을 붙입니다.
❹ 색종이를 휴지심에 감싸 붙입니다.
❺ ❹를 ❸의 뒷면에 양면테이프로 고정합니다.
❻ 주인공이 되어 미장이 아빠에게 하고 싶은 말을 생각합니다.
❼ 원형 색종이에 생각한 말을 쓰고 붙입니다.
❽ '아빠의 흙손'을 소개하고 전시합니다.

[예시]

📗 책놀이활동 2

✿ 준비물

A4 마닐라지 350g 1/2, 컬러펜, 공예용 미니 타일,
면봉, 목공풀

✿ 책놀이 - 추억을 담은 타일 아트

❶ 가족과 함께 추억할 수 있는 특별한 물건이나 장면을 떠올립니다.
❷ 타일의 크기를 고려하여, 마닐라지의 매끈한 면에 그림을 그립니다.
❸ 면봉으로 목공풀을 찍어 타일을 붙입니다.
❹ 작품을 소개합니다.

[예시]

💛 TIP

타일 무늬 시트지로 대신할 수 있습니다.

『 엎드려 관찰하고 자세히 그렸어요 』

김주경 글·그림

출판사: 씨드북, 출간일자: 2020.05.13.

세상이 보지 못한 곤충의 변화를 아름답게 그려낸 마리아 메리안 이야기이다.

17세기에 태어난 마리아 메리안은 어렸을 때부터 꽃과 벌레에 관한 관심이 남달랐다. 모두가 벌레를 혐오하던 시대였지만 메리안은 굴하지 않고 어두운 다락에서 벌레를 관찰하여 누구보다도 세밀하게 그림을 그려나갔다. 메리안은 한평생 곤충과 식물을 관찰하고 그리며 사람들이 품고 있던 곤충에 대한 잘못된 생각을 바로잡기 위해 노력했다.

결혼하고 두 아이의 엄마가 되어서도 메리안은 곤충을 관찰하고 그리는 일을 내려놓지 않았다. 쉰 살이 넘는 중년 여성이 젊은 남성들도 버티기 힘든 열대 지방을 탐험하는 것은 위험하다며 모두가 말렸을 때도 메리안은 꿋꿋이 배에 몸을 실었다. 약 2년 후 네덜란드에 돌아와 남아메리카의 수리남에서 발견한 곤충에 관한 책을 만들어 세상에 내놓자 사람들은 깜짝 놀랐다. 세상은 메리안의 발견에 주목했다. 메리안이 세상을 떠난 후 독일은 메리안의 초상화를 오백 마르크 지폐에 실었다.

'여자는 아무 쓸모 없어!', '곤충은 악마가 만들어 낸 거야.' 여러 가지 편견으로 가득 찬 사회에서 메리안은 아무도 가지 않은 길을 택한 용기 있는 여성이자 개척자였다.

📖 생각하는 그림책 읽기

❶ 곤충을 자세히 살펴본 경험이 있나요?

❷ 마리아 메리안이 살았던 시대의 사람들은 곤충을 어떻게 생각했나요?

❸ 몰래 곤충을 관찰하고 자세히 그려 기록하는 메리안의 마음을 헤아려 봅니다.

❹ 마리아 메리안의 삶을 나비의 성장 과정에 빗대어 생각해 봅니다.

책놀이 활동 1

❁ 준비물
활동지(티라미수 A4), 가위, 풀, 컬러펜, 필기도구

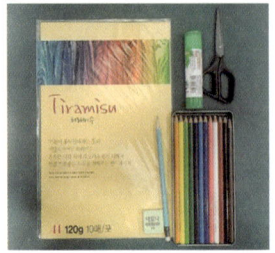

❁ 책놀이 – 나비가 된 마리아 메리안

❶ 활동지를 아래와 같이 오려 접습니다.

❷ ❶을 펼쳐 마리아 메리안의 생애를 담습니다.
  '생각하는 그림책 읽기 ❹'를 참고합니다.
❸ 뒷면에 마리아 메리안에 대한 내 생각을 씁니다.
❹ 나비 날개를 끼워 표지를 꾸밉니다.

[예시]

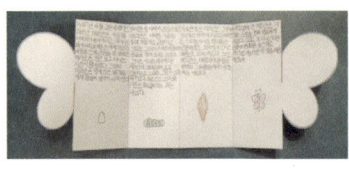
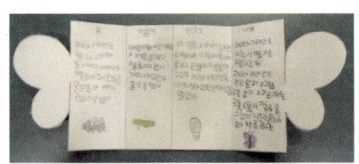
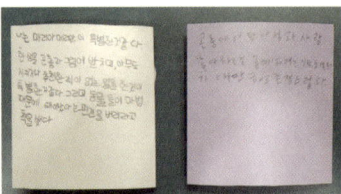

책놀이활동 2

❋ 준비물
도화지, 잡지, 먹물, 나뭇가지, 먹물 담을 접시, 풀

❋ 책놀이 - 엎드려 관찰하고 자세히 그렸어요

❶ 교사는 나뭇가지로 나무연필을 만듭니다.

❷ 산책하며 자세히 그리고 싶은 자연물을 찾습니다.
❸ 자연물을 자세히 관찰합니다.
❹ 나무연필에 먹물을 찍어 자연물을 그립니다.
❺ 잡지를 정사각으로 잘라 아래와 같이 접어 액자를 만듭니다.

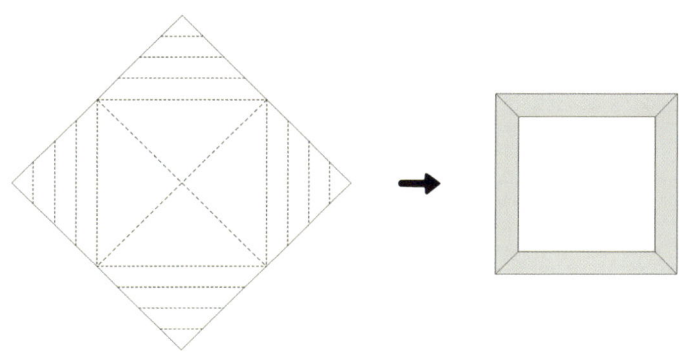

❻ 그림을 액자에 붙여 전시합니다.
❼ 엎드려 관찰하고 자세히 그린 소감을 나눕니다.

[예시]

『손을 주세요』 * 『손이 필요해』

여기 최병대 글·그림

출판사: 키큰도토리, 출간일자: 2019.10.21.

『손이 필요해』·『손을 주세요』는 손으로 다양한 사물이나 동물을 자유롭게 표현하는 손놀이 그림책이다.

손은 쥐고, 만들고, 잡고, 던지는 등 다양한 일을 한다. 이 책은 아이들에게 손의 일상적인 쓰임이 아닌 손이 어떻게 그림을 완성하는지 생각하게 한다.

글자를 모르는 아이들은 그림만으로 주어진 것이 무엇인지 알 수 있다. 그림을 보며 글을 읽어주면 더 자세히 그 상황을 이해한다. 예를 들면, "잠자리야 잠자리야, 파드닥 파드닥 날개 어디 있니? 바로바로 여기 있지! 이리 휙! 저리 휙! 잽싼 날개 덕분에 날 잡기 힘들 걸"이라며 자신을 소개한다. 그러나 주어진 그림에는 잠자리 날개가 한 쌍밖에 없다. 아이들은 이 상황에 맞게 손으로 잠자리의 날개를 만든다.

등장하는 사물과 동물을 파악하고, 손으로 그림의 필요한 부분을 표현할 수 있다. 손이 필요한 순간이다.

생각하는 그림책 읽기

❶ '방향', '사랑'처럼 손으로 표현할 수 있는 것을 생각해 봅니다.

❷ 책을 읽으며 손이 어떻게 그림의 일부가 되는지 생각해 봅니다.

 책놀이 활동

❁ **준비물**

A5, 컬러펜

❁ **책놀이 - 나도 작가처럼**

❶ 손으로 그림을 완성합니다.

 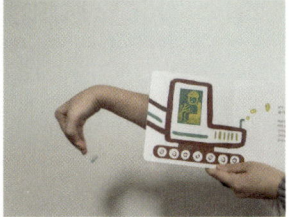 

❷ 작가처럼 손이 필요한 장면을 생각해 그립니다.

[예시]

❸ 손으로 그림을 완성하여 손연극으로 소개합니다.

[예시]

> **TIP**
>
> 더 많은 손으로 장면을 풍성하게 연출할 수 있습니다.
> 예) 굴삭기 장면에서 손으로 바위와 구덩이를 표현
>   문어 장면에서 손으로 문어의 먹물과 다른 문어를 표현

『 나만 아는 우리 동네 』

소영 글, 최지은 그림
출판사: 키즈엠, 출간일자: 2019.06.21.

지운이네 선생님은 <나만 아는 우리 동네 모습 수첩에 그려오기> 숙제를 내준다. 그런데 지운이는 집으로 오는 길에 수첩을 잃어버린다. 길을 지나던 아이가 수첩을 주워 펼쳐본다. "나만 아는 우리 동네?" 아이는 동네 친구들만 아는 비밀 놀이터에 가서 친구들과 즐거웠던 때를 생각하며 수첩에 놀이터를 그린다.

'나만 아는 우리 동네' 수첩은 초등학생 아이, 과일가게 아저씨, 옥탑방에 사는 청년, 할머니 등 이웃들의 손을 거치며 동네 곳곳의 풍경으로 채워진다.

우리 주변의 익숙하고 사소한 것들을 의미 있게 돌아보게 하는 그림책이다.

📖 생각하는 그림책 읽기

❶ 지운이가 잃어버린 '나만 아는 우리 동네' 수첩은 어떻게 될까요?

❷ 수첩을 주운 마을 사람들은 어떤 마음으로 그림을 그렸을까요?

❸ 수첩을 되찾은 지운이 마음은 어땠을까요?

❹ '나만 아는 우리 동네' 수첩이 나에게 온다면 무엇을 그리고 싶은지 생각해 봅니다.

책놀이활동 1

❁ 준비물
수첩 크기의 종이, 컬러펜, 필기도구

❁ 책놀이 - 내가 아는 우리 동네

① 우리 동네를 떠올려 봅니다.
② 우리 동네에서 내가 좋아하는 것을 떠올려 이야기를 나눕니다.
③ 종이에 떠올린 이야기를 글과 그림으로 표현합니다.
④ 친구들에게 소개합니다.

[예시]

 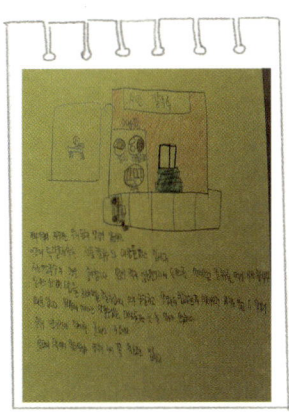

 TIP
모아 묶으면 '우리가 아는 우리 동네' 책이 됩니다.

『 나만 아는 우리 동네 』

책놀이활동 2

❀ 준비물
수첩 크기의 종이, 컬러펜, 필기도구

❀ 책놀이 - 우리 가족이 아는 우리 동네

❶ 우리 동네를 떠올려 봅니다.
❷ 우리 동네에서 가족이 좋아하는 것을 떠올려 이야기를 나눕니다.
　　예) 가족과 자주 가는 곳, 우리 가족 맛집, 좋아하는 풍경, 좋아하는 이웃 등
❸ 종이에 떠올린 이야기를 글과 그림으로 표현합니다.
❹ 소개합니다.

 TIP
가족이 함께 활동하여 '우리 가족이 아는 우리 동네' 책을 만들 수 있습니다.

『 마법사의 예언 』

호르헤 부카이 글, 구스티 그림, 김유진 옮김
출판사: 키위북스, 출간일자: 2018.11.01.

마음속에 외면하거나 도망치고 싶은 감정들, 미움이나 원망, 두려움 따위를 품고 사는 우리 모두를 위한 그림책이다.

왕은 모든 일을 자기 마음대로 하면서 존경까지 받고 싶어 한다. 왕이 이 나라에서 가장 강한 힘을 가진 사람이 누구냐고 물을 때마다 신하들은 왕이라고 대답한다. 하지만 백성들은 아무리 강력한 힘을 가진 왕이라 할지라도 마법사만 못하다고 한다.

질투를 느낀 왕은 마법사를 없애려고 파티에 초대한다. 모두가 보는 앞에서 마법사 자신이 언제 죽을지 말해보라고 한다. 어떻게든 죽일 목적으로 한 말인데 과연 마법사는 이 위기를 어떻게 모면할까?

왕은 왜 마법사를 스승처럼 모시게 되었을까?

📖 생각하는 그림책 읽기

왕은 백성들이 가장 사랑하고 존경하는 사람이 되고 싶었지요.
"이 나라에서 가장 큰 힘을 가진 사람이 누구냐?"
왕은 신하들과 마주칠 때마다 물었어요.
"폐하, 당연히 폐하가 가장 강한 분이십니다."

❶ 가장 큰 힘을 가진 사람이 존경받는 사람일까요?

"네가 죽는 날을 예언해 보거라. 네가 언제 죽는지 말을 해 보란 말이다."
⋮
"그날이 언제인지는 알고 있습니다. 다만 말씀을 드려도 될지 걱정이 될 뿐입니다."
"쓸데없는 소리 그만두고 어서 답이나 하거라."

❷ 마법사는 뭐라고 답할까요?

"용서를 받을 수 없다고 해도 이 고백은 꼭 해야 한다고 생각했어요."

❸ 마법사에게 자신의 비밀을 고백한 왕의 마음을 헤아려 봅니다.

❹ 마법사가 백성들에게 사랑과 존경을 받고, 왕을 변화시킬 수 있었던
   이유는 무엇일까요?

이제 마법사는 곁에 없지만, 왕은 마법사와 함께한 시간을 잊지 않았어요.
언제나 마법사를 생각했지요.

❺ 왕에게 마법사와 함께한 시간은 어떤 의미가 있는지 헤아려 봅니다.

책놀이 활동 1

✿ 준비물
편지지, 필기도구

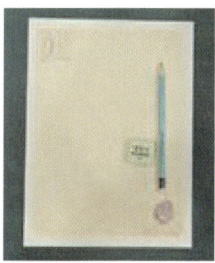

✿ 책놀이 - 왕의 편지

> 마법사가 세상을 떠난 지 10년이 되던 날, 자신의 죽음을 예감한 왕은 왕위를 이을 아들에게 짧은 편지를 썼어요.

❶ 왕이 아들에게 어떤 말을 남겼을지 이야기 나눕니다.
❷ 왕이 되어 아들에게 편지를 씁니다.
❸ 왕의 마음으로 편지를 소리 내어 읽습니다.
❹ 『마법사의 예언』의 왕의 편지를 읽어줍니다.
❺ '사랑하는 아들에게 남긴 아버지의 편지'를 읽은 느낌을 이야기 나눕니다.

[예시]

 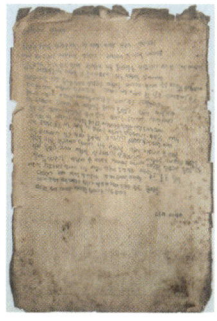 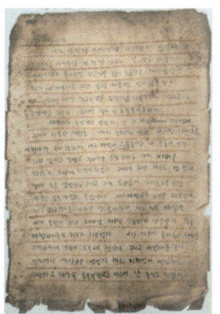 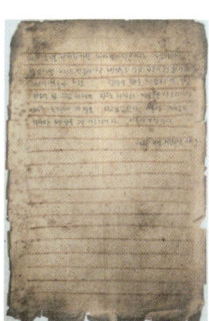

『 마법사의 예언 』 117

 책놀이활동 2

❀ 준비물
수첩 크기의 종이, 컬러펜, 필기도구

❀ 책놀이 - 마법사의 편지

❶ 마법사가 세상을 뜨기 전 왕에게 편지를 썼다면 어떤 말을 남겼을지 이야기 나눕니다.
❷ 마법사가 되어 왕에게 편지를 씁니다.
❸ 마법사의 마음으로 편지를 소리 내어 읽습니다.

『영웅을 찾습니다!』

차이자오룬 글·그림, 심봉희 옮김

출판사: 키위북스, 출간일자: 2018.05.01.

컵나라에는 광장 중앙에 있는 높은 탑 꼭대기에 올라 영웅컵을 차지하는 자가 영웅이 된다는 전설이 내려오고 있다. 영웅은 튼튼하고 힘이 세야 하고, 영웅은 남을 위해 희생할 줄 알아야 하고, 영웅은 리더십이 있어야 하고, 꿈을 포기해서도 안 되고….

컵들은 자신이 생각하는 영웅의 조건을 내세우며 날마다 끊임없이 영웅컵을 차지하기 위해 노력한다. 과연 누가 광장에 있는 높은 탑 꼭대기에 올라 영웅컵을 차지하게 될까?

뜻밖에도 높은 탑 꼭대기에 올라 영웅컵을 차지하는 것은 청소부 샤오바다. 정작 샤오바는 자신이 영웅이라는 것을 깨닫지 못하지만 말이다.

우리가 가진 영웅에 대한 고정관념을 깨고, 우리 시대에 필요한 진짜 영웅, 우리가 찾아야 할 진짜 영웅의 모습을 담은 그림책이다.

📖 생각하는 그림책 읽기

영웅이란 지혜와 용기가 뛰어나 보통 사람이 하기 어려운 일을 해내는 사람 - 출처: 보리 국어사전

❶ 영웅에 대해 이야기 나눕니다.

❷ 영웅의 조건은 무엇일까요?

❸ 컵들은 왜 영웅컵을 차지하려 할까요?

영웅이라면 나처럼 이렇게 튼튼하고 힘이 세야지!
영웅은 남을 위해 희생할 수 있어야 해!
영웅은 남을 이끌 줄 알아야지.
열심히 앞을 향해 전진해야 진정한 영웅이라고!
영웅이라면 뭐니 뭐니 해도 지혜로워야 한단 말씀이야!
영웅은 무엇보다 재주가 뛰어나야 해!
용기가 있어야 진짜 영웅이지.
영웅은 끝까지 꿈을 포기하면 안 되는 거야!
영웅이라면 지구를 지켜내야지!
영웅은 죽음을 두려워하지 않아!

❹ 영웅이 되려는 컵들은 왜 영웅컵을 차지하지 못했을까요?

이제 이 컵만 반짝 반짝하게 닦으면 오늘 할 일은 끝이구나.

❺ 샤오바가 탑 꼭대기에 올라가 영웅컵을 닦을 수 있었던 이유를 생각해 봅니다.

==영웅컵을 차지하는 컵이 진정한 영웅이라는 것이지요.==

❻ '진정한 영웅'은 나타났나요?

❼ 우리 사회나 내 주변에서 샤오바와 같은 사람을 찾아봅니다.

책놀이활동 1

❀ 준비물
종이 또는 말주머니 포스트잇, 필기도구

❀ 책놀이 - 새들만 아는 영웅 이야기

❶ 『영웅을 찾습니다!』에서 새의 모습을 찾아봅니다.
❷ 새가 바라본 컵들의 모습을 이야기 나눕니다.
❸ 'ㅇㅇ새 기자'가 되어 현장 상황을 전달하는 글을 씁니다.

[예시]
> 컵들의 왕국 광장에 나와 있는 ㅇㅇ새 기자입니다.
> 오늘도 이곳에서는 많은 컵들이 영웅컵을 차지하기 위한 도전을 하고 있습니다.
> ⋮
> 컵들이 떠난 자리는 쓰레기가 잔뜩 쌓였지만 쉬지 않고 쓸고 있는 컵이 있습니다.
> ⋮

💛 TIP
기사문의 형식을 갖추어 쓰거나 그림에 말주머니 포스트잇을 붙여 'ㅇㅇ새 기자'가 전하는 소식을 쓸 수 있습니다.

책놀이활동 2

❀ 준비물

활동지(200g), 금색 색종이, 가위, 풀, 컬러펜, 필기도구

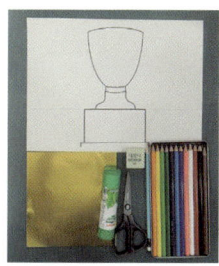

❀ 책놀이 - 영웅을 찾습니다

❶ 우리 사회나 내 주변에서 샤오바와 같은 사람을 찾아봅니다.
❷ 별 모양으로 오린 금색 색종이에 ❶을 씁니다.
❸ 색종이를 활동지의 영웅컵에 붙입니다.
❹ 어떤 점이 샤오바와 같다고 생각했는지 이야기를 나눕니다.
❺ 영웅컵 아랫부분에 이유를 씁니다.
❻ 꾸미고 접어 세웁니다.
❼ 소개하고 전시합니다.

[예시]

『무엇이 될 수 있을까?』

앤 랜드 글, 잉그리드 픽스달 킹 그림, 서남희 옮김
출판사: 국민서관, 출간일자: 2017.07.31.

『무엇이 될 수 있을까?』라는 제목이 호기심을 불러일으키는 책이다. 표지 오른쪽 아래 팔짱을 끼고 앉아있는 아이가 있다. 무엇이 될 수 있을지 깊이 생각하는 듯하다. 면지에는 가는 선들과 동그라미, 네모, 세모 등 다양한 모양들이 있다.
"나는 동그라미야. 나는 빨간색이지. 난 무엇이 될 수 있을까?"
"아삭아삭 먹음직스런 사과, 달콤한 막대 사탕, 꼴깍 산 너머로 지기 전의 해?"
작가가 생각해 낸 이미지를 이야기하고, 무엇이 될지, 무엇을 만들지 되묻는다.
"나는 동그라미야. 나는 빨간색이지. 넌 나로 무엇을 만들래?"
상상의 날개를 펼쳐 자신만의 세상을 완성할 수 있다.

📖 생각하는 그림책 읽기

나는 동그라미야.
나는 빨간색이지.　　…　　나는 삼각형이야.
난 무엇이 될 수 있을까?　　나는 초록색이지.
　　　　　　　　　　　　어쩌면 나는…

❶ '난 무엇이 될 수 있을까?' 물음마다 잠시 멈추고 무엇이 될지 생각해 봅니다.

상상의 날개를 마음껏 펼치고
나로 무엇이든 만들어 보렴.

❷ 무엇을 만들 수 있을까요?

❸ 정말 많은 것이 될 수 있는 '나'는 무엇일까요?

책놀이 활동 1

✿ 준비물

A4 색지, 다양한 색깔과 모양으로 자른 종이, 가위, 풀, 컬러펜, 필기도구

✿ 책놀이 - 무엇이 될 수 있을까?

❶ '생각하는 그림책 읽기 ❷'를 떠올립니다.
❷ 다양한 색깔과 모양의 종이를 여러 장 나누어 줍니다.
❸ 받은 종이로 무엇을 만들지 생각합니다.
❹ A4에 생각한 것을 표현합니다.
❺ 종이로 표현할 수 없는 부분은 컬러펜으로 그려 완성합니다.
❻ 무엇이 되었는지 소개합니다.

[예시]

책놀이활동 2

준비물
A4 색지, 다양한 색깔과 모양으로 자른 종이, 가위, 풀, 컬러펜, 필기도구

책놀이 - 이야기가 될 수 있을까?

❶ '무엇이 될 수 있을까?' 활동을 합니다.
❷ 3~4명씩 모둠을 만듭니다.
❸ 그림을 모아 이어지는 이야기를 만듭니다.
❹ 만든 이야기를 글로 씁니다.
❺ 이야기를 소개합니다.

[예시]

 TIP
교과 과정의 '원인과 결과를 생각하며 이야기 꾸미기', '내가 만든 이야기'와 연계되는 활동입니다.

『 무엇이 될 수 있을까? 』

『 엄마가 너에 대해 책을 쓴다면 』

스테파니 올렌백 글·그림, 김희정 옮김
출판사: 청어람아이, 출간일자: 2017.04.21.

엄마에게 아이는 이 세상 모두에게 자랑하고 싶은 소중한 존재이다. 그래서 엄마는 '나뭇가지를 모아서, 아이가 남긴 과자부스러기로, 앞마당에 피어난 꽃들로, 뒷마당에 쑥쑥 자라나는 채소 뿌리로' 아이에 대한 마음을 표현한다. '너는 마음을 사로잡는 아이라고, 너는 더 바랄 게 없는 아이라고. 너는 영리한 아이라고, 너는 참으로 아름다운 아이라고.' 심지어 '접시 위 완두콩으로도 쓰고, 국수 가닥으로 한 올 한 올 쓰고, 전봇대에 걸린 전깃줄'로도 쓴다. '너는 풋풋한 아이라고, 너는 맛을 아는 아이라고, 너는 행복을 주는 아이라고.'

『엄마가 너에 대해 책을 쓴다면』은 아이에 대한 엄마의 바람과 소망이 담겨있다. 아이를 바라보는 엄마의 시선이 따뜻하다.

생각하는 그림책 읽기

❶ 책을 읽기 전, 엄마(가족)가 '나'에 대해 책을 쓴다면 뭐라고 쓸지 생각해 봅니다.

❷ '너'에 대해 책을 쓴 엄마는 어떤 마음으로 아이를 바라보고 있는지 헤아려 봅니다.

❸ 내가 책을 쓴다면 누구에 대해 쓰고 싶은지 생각해 봅니다.

책놀이활동 1

✿ 준비물
8절 색지 1/2장, 컬러펜, 필기도구

✿ 책놀이 - 내가 OO에 대해 책을 쓴다면 1

❶ 내 주변 사람들 중 한 명을 골라 충분히 생각합니다.
❷ 종이를 대문접기 또는 병풍접기 하여 책을 만듭니다.
❸ 생각한 사람의 특징을 살려 ❷에 표현합니다.

[예시]

내가 단짝에 대해 책을 쓴다면 책상 위 지우개 가루를 모아 쓸 거야. 언제나 새로운 놀이를 알려주는 놀 줄 아는 아이라고.	내가 단짝에 대해 책을 쓴다면 가방에 매달린 인형을 모아 쓸 거야. 늘 같이 있고 싶은 다정한 아이라고.

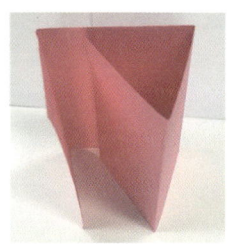 

 TIP

다른 책을 읽고 등장인물에 대한 책을 써보는 활동으로 확장할 수 있습니다.

예 1) 내가 『알사탕』의 '동동이'에 대해 책을 쓴다면

네가 언제나 호주머니에 넣어 다니는 구슬을 모아서 쓸 거야. 너는 친구들과 함께 놀고 싶은 아이라고.	빨갛게 물든 나뭇잎을 모아서 쓸 거야. 너는 말 걸어주길 바라는 아이라고.

예 2) 내가 『빨간 머리 앤』의 '앤'에 대해 책을 쓴다면

책놀이활동 2

❀ 준비물
5×2cm 종이 여러 장, 8절 색지 1/2장, 컬러펜, 필기도구

❀ 책놀이 - 내가 ○○들에 대해 책을 쓴다면 2

① 교사는 책의 꾸며주는 말을 종이에 하나씩 써 준비합니다.
   예) 마음을 사로잡는, 더 바랄 게 없는, 즐거움으로 가득한, 영리한, 참으로 아름다운….
② 종이를 병풍접기 합니다.
③ ①의 종이를 4~6장 뽑습니다.
④ 뽑은 말에 어울리는 대상을 떠올립니다.
⑤ 뽑은 말과 대상을 연결 지어 글을 씁니다.

[예시]

따뜻한	마법 같은
네가 남긴 사료를 모아 쓸 거야. 내 침대를 데워주는 마음까지 따뜻하게 하는 고양이라고.	입장권을 모아 쓸 거야. 하루를 짧게 만드는 마법 같은 놀이공원이라고.

⑥ ④, ⑤를 반복합니다.
⑦ 표지를 꾸며 완성합니다.

[예시]

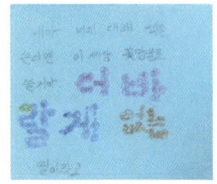 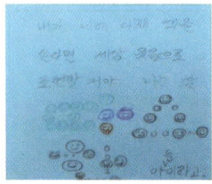 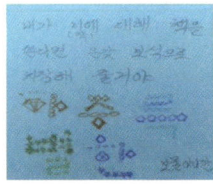 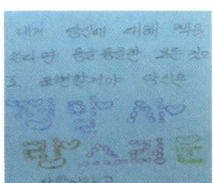

 TIP

내가 좋아하거나 관심 있는 대상에 대하여 책을 써도 좋습니다.

『 엄마가 너에 대해 책을 쓴다면 』 133

책놀이활동 3

✿ 준비물
검은색 종이액자 5×7, 흰색 젤리펜

✿ 책놀이 - 내가 ○○에 대해 시를 쓴다면

❶ 시로 표현하고 싶은 대상에 대해 충분히 생각합니다.
❷ 생각한 것을 바탕으로 시를 씁니다.
❸ 종이액자에 흰색 젤리펜으로 옮겨 씁니다.
❹ 시를 낭송하고 전시합니다.

[예시]

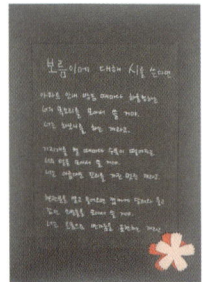

 TIP

다양한 종이를 이용할 수 있습니다.

  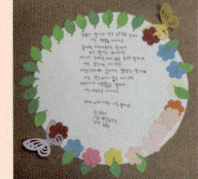

『아이스크림 여행』

피터 시스 글·그림, 최현미 옮김
출판사: 시공주니어, 출간일자: 2016.06.15.

조는 여름에 배운 것을 들려달라는 할아버지의 편지를 받고 하루하루 열심히 공부하고 있다는 답장을 보낸다. 조가 하는 낱말 공부, 수학 공부, 지리 공부는 아이스크림과 관련이 있다. 조의 눈에는 모든 것이 아이스크림으로 보인다. 그래서 조가 하는 공부는 지루하지 않다. 아이스크림에 대한 관심이 깊어져 할아버지가 주신 백과사전을 탐독할 수 있는 경지에 이른다.

조의 발자취를 따라가다 보면 2,000년 전 아이스크림을 만든 중국 사람들부터 막대 아이스크림을 선보인 20세기 초 미국 사람에 이르기까지 아이스크림의 역사를 만날 수 있다.

📖 생각하는 그림책 읽기

❶ '아이스크림'에 대해 알고 있는 것을 떠올립니다.

❷ 조의 방에 있는 모든 것이 아이스크림 모양인 이유를 헤아려 봅니다.

❸ 2,000년 전 아이스크림은 지금의 아이스크림과 어떻게 다른가요?

❹ 아이스크림에 대해 새롭게 알게 된 것이 있나요?

❺ 아이스크림에 대해 더 궁금한 것이 있나요?

책놀이 활동 1

❀ **준비물**
활동지, 필기도구

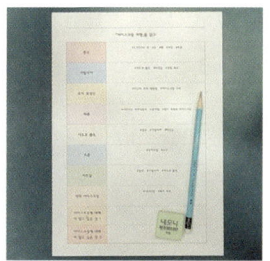

❀ **책놀이 - #아이스크림**

① 책을 읽은 후 활동지를 나누어 줍니다.
② 아이스크림과 키워드(중국, 이탈리아…)가 어떤 관계가 있는지 생각해 봅니다.
③ #(해시태그)를 참고하여 활동지에 글을 씁니다.

[예시]

중국	#2,000년 전 #눈 #쌀 #과일 #우유 예) 중국에서는 2,000년 전에 아이스크림을 만들어 먹었대. 눈에 쌀가루, 우유, 과일을 섞어 만들었대.

④ 키워드와 관련된 해시태그를 추가하여 쓸 수 있습니다.

[예시]

중국	예) #첫 번째 #2,000년 전 #눈 #쌀 #과일 #우유 #왕, 왕족 첫 아이스크림은 2,000년 전에 중국에서 만들었대. 눈에 쌀가루, 우유, 과일을 섞어 만들었대. 아무나 먹을 수 없고, 왕이나 왕족만 먹었대.

⑤ 자신이 설명할 수 있는 키워드 4~5개를 완성합니다. 모두 채우지 않아도 됩니다.

 TIP
키워드만 있는 활동지를 제공하면, 해시태그부터 학습자가 쓸 수 있습니다.

『아이스크림 여행』

책놀이활동 2

❀ 준비물
A4 80g, 지름 10cm 원형으로 자른 색지(150g 이상), 컬러펜, 필기도구

❀ 책놀이 - '콘 아이스크림' 책

❶ A4를 접어 콘을 만듭니다.

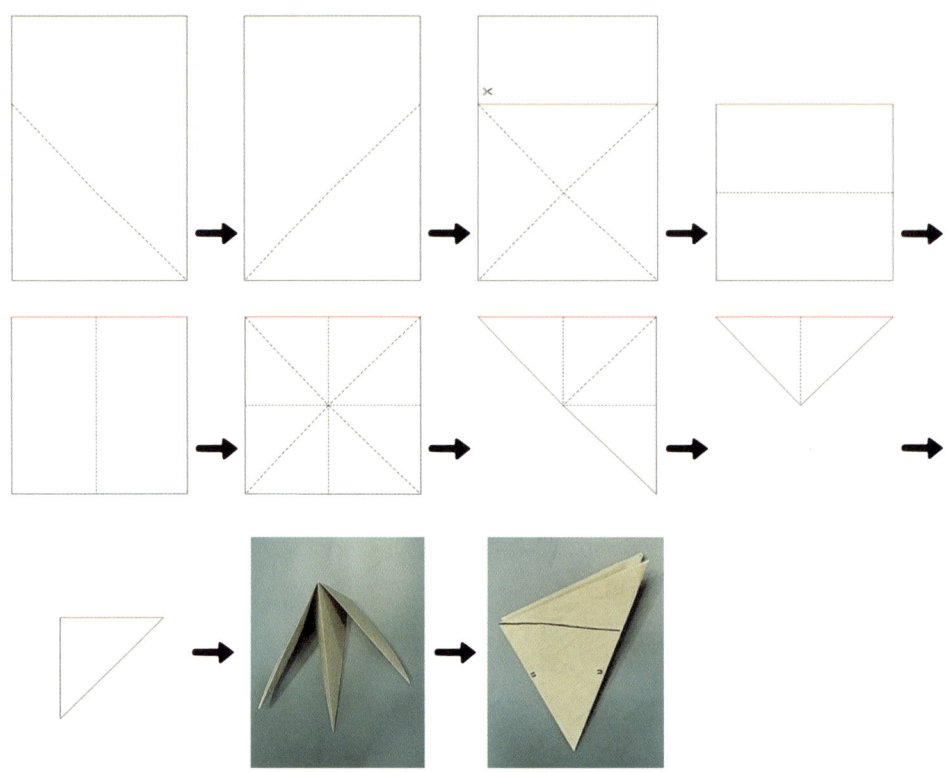

❷ 지름 10cm의 원형 색지를 콘에 끼워 붙입니다.

❸ '#아이스크림' 활동을 참고하여 새롭게 알게 된 것을 원형 색지에 씁니다.
❹ 표지와 아이스크림을 꾸밉니다.

[예시]

 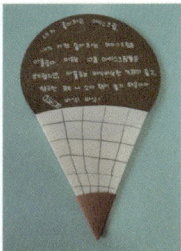

『 아이스크림 여행 』 139

책놀이활동 3

❁ 준비물

8절 색지 1/4, 아이스크림 막대, 색종이, 가위, 풀,
양면테이프, 컬러펜, 필기도구

❁ 책놀이 – '막대 아이스크림' 책

❶ 종이를 반으로 접습니다.
❷ 종이를 펼쳐 한쪽 면에는 막대 아이스크림에 대해 알게 된 것을 씁니다.
❸ 다른 한쪽 면에는 내가 좋아하는 아이스크림을 맛있게 먹는 방법을 소개합니다.
❹ 앞표지에 내가 좋아하는 아이스크림을 그리고 꾸밉니다.
❺ 뒤표지에 양면테이프를 이용해 아이스크림 막대를 붙입니다.

[예시] 한 입 베어먹은 것처럼 표현한 아이스크림

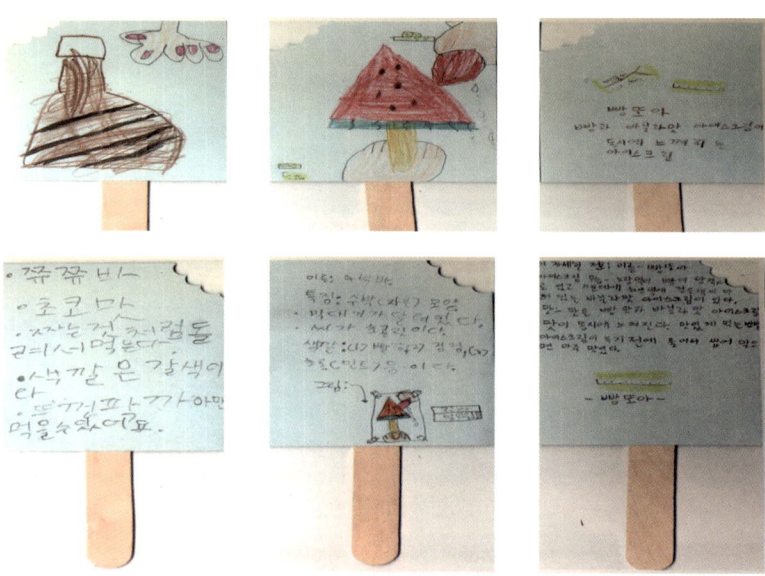

📖 책놀이활동 4

❀ 준비물
편지지, 필기도구

❀ 책놀이 - 요즘 나는요

❶ 요즘 무엇에 관심이 있는지 생각해 봅니다.
❷ 알려주고 싶은 사람을 떠올립니다.
❸ 조가 할아버지에게 아이스크림에 대한 이야기를 쓴 것처럼 편지를 씁니다.

[예시]

💛 TIP
콘을 펼쳐 편지를 쏠 수 있습니다.

『 아이스크림 여행 』

『거짓말』

나카가와 히로타카 글, 미로코 마치코 그림, 이기웅 옮김
출판사: 길벗어린이, 출간일자: 2016.05.15.

『거짓말』은 "거짓말은 도둑질의 시작이라고 하지만, 거짓말을 안 하는 사람도 있어?" 하는 의문으로 시작된다. 세상에 거짓말을 하지 않는 사람은 없을 것이다. 재미 삼아, 실수했을 때, 꾸중 듣기 싫어서, 누군가를 돕기 위해서 거짓말을 한다. 이 책의 엄마도 '가짜' 진주 목걸이를 걸고 밖에 나가고, 실제보다 나이를 어리게 말한다.

맛없는 엄마의 음식을 맛있다 하고, 선물이 마음에 들지 않아도 좋다고 말하는 것처럼 다른 사람을 위한 거짓말도 있다. 이런 거짓말을 '착한 거짓말', '하얀 거짓말', '선의의 거짓말' 등으로 부른다.

『거짓말』은 거짓말의 양면을 모두 보여주며 거짓말에 대해 생각하게 한다.

📖 생각하는 그림책 읽기

❶ 거짓말이란 뭘까요?

❷ 거짓말을 안 하는 사람도 있을까요?

드라마 세트
칼에 베여 죽은 척하는 영화배우
레스토랑 앞의 모형 스파게티
도시락에 있는 뾰족뾰족 가짜 풀

❸ 진짜처럼 보이기 위해 하는 일도 거짓말일까요?

엄마가 해 준 오므라이스.
별로 맛이 없었지만
"엄청 맛있어!"라고 말했어.

❹ 왜 이렇게 말했을까요? 이것은 거짓말일까요?

동생이 그릇을 깨뜨렸어.
엄마가 "누가 그랬어?"라고 물었는데
모른다고 했어.

❺ 왜 이렇게 말했을까요? 이것은 거짓말일까요?

❻ 사람들은 왜 거짓말을 할까요?

❼ 책을 읽기 전과 읽은 후 거짓말에 대한 생각이 어떻게 달라졌나요?

『거짓말』

책놀이 활동 1

❀ 준비물
없음

❀ 책놀이 - 거짓말을 찾아서

❶ 그림책, 우화, 전래동화, 영화 등의 이야기에서 거짓말을 한 등장인물을 떠올립니다.
❷ 학습자가 작품과 인물을 발표하면 교사는 칠판에 씁니다.

[예시]

> 『일곱 마리 아기 염소와 늑대』의 늑대
> 『해와 달이 된 오누이』의 호랑이와 오빠
> 『아기 돼지 삼 형제』의 늑대
> 『신데렐라』의 계모와 언니들
> 『피노키오』의 피노키오
> 『백설공주』의 왕비
> 「뮬란」의 뮬란
> ⋮

❸ 인물들이 했던 거짓말과 거짓말을 한 이유는 무엇인지 이야기를 나눕니다.
　예) '뮬란'은 남자라고 거짓말을 했어요. 아픈 아버지 대신 전쟁에 나가려고 그랬어요.

💛 TIP
읽은 후에 활동하면 『거짓말』에 나온 '양치기 소년'에게 집중되므로 읽기 전에 이야기를 나눕니다.

책놀이활동 2

✿ 준비물
활동지, 가위, 필기도구

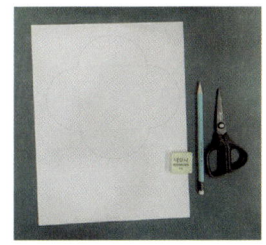

✿ 책놀이 - 나와 거짓말

① 거짓말을 했던 경험을 떠올립니다.   [예시]
② 활동지의 A에 떠올린 거짓말을 씁니다.
③ B에 내가 했던 거짓말의 이유를 씁니다.
④ C에 내가 했던 거짓말에 이름을 붙입니다.
　예) '변명' 거짓말, '부끄러워' 거짓말, '착한' 거짓말,
　　　'용기 없어' 거짓말, '겁이나' 거짓말 등
⑤ D에 거짓말을 했을 때 내 마음을 씁니다.
⑥ 활동지를 접어서 끼웁니다.

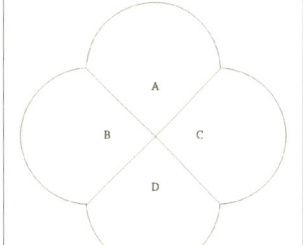

[예시]

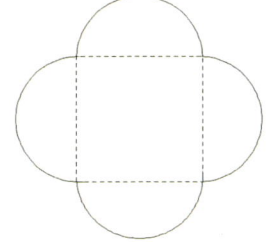

 TIP
　학습자의 경험을 끌어내는 데 있어 마음을 열기 쉽도록 교사가 먼저 거짓말을 했던 경험을 말합니다.

책놀이 활동 3

 준비물
포스트잇, 필기도구

❊ 책놀이 - 최고의 거짓말을 찾아라!

❶ 내가 생각하는 최고의 거짓말을 떠올려 포스트잇에 씁니다.
❷ 옆자리 친구에게 '내가 생각하는 최고의 거짓말'을 이유를 들어 설명합니다. (1:1 토론)
❸ 둘 중 최고의 거짓말을 뽑습니다.
❹ 앞이나 뒤의 친구들에게 '우리가 생각하는 최고의 거짓말'을 이유를 들어 설명합니다.
  (2:2 토론)
❺ 둘 중 최고의 거짓말을 뽑습니다.
❻ 모두에게 '우리가 뽑은 최고의 거짓말'을 소개합니다. (전체 토론)
❼ 소개된 거짓말 중에서 '최고의 거짓말'을 뽑습니다.

[예시]
> 우리 반이 뽑은 최고의 거짓말
> "나는 모른다!" - 일제강점기 고문을 당하는 독립운동가의 거짓말
>
> 우리 반이 뽑은 최고의 거짓말
> "기억이 안 납니다!" - 청문회에서 정치인의 거짓말

 TIP
'최고'의 의미는 토론 중에 자연스럽게 결정됩니다.
숭고한 의미의 최고, 타인을 기만하는 최고, 재치가 빛나는 최고 등

『나는 자라요』

김희경 글, 염혜원 그림
출판사: 창비, 출간일자: 2016.04.25.

『나는 자라요』는 일상의 매 순간마다 아이가 자라고 있음을 보여준다. 아이와 함께 화분의 작은 제라늄도 자란다.

엄마 품에 푹 안길 만큼 작은 아이는 단추를 채우고, 양말을 신으며 자란다. 밥을 먹고 물을 마실 때도, 서툴게 이름을 쓸 때도 자란다. 처음 무지개를 볼 때도, 동생을 안아줄 때도 자란다.

그렇게 아이는 엄마를 안아줄 수 있을 만큼 자란다.

생각하는 그림책 읽기

❶ 표지의 아이는 무엇을 하고 있을까요?

❷ '자라다'의 의미를 생각해 봅니다.

❸ 몸이 자랐다고 느낀 순간이 있나요?
　 마음이 자랐다고 느낀 순간이 있나요?

❹ '자라다'를 대신할 수 있는 말을 생각해 봅니다.

❺ "이 세상 모든 어린이들에게"라고 헌사를 쓴 작가의 마음을 헤아려 봅니다.

책놀이 활동

❁ 준비물

A4 색지(120g 이상) 1장, 하트 펀칭(76mm), 컬러펜,
필기도구, 풀, 펀칭에 적당한 색상지

❁ 책놀이 - 나는 자라요

① 색상지를 하트 모양으로 펀칭합니다.
② 하트 모양 종이를 4장씩 나눠줍니다.
③ 하트 모양 종이마다 내가 자랐다고 느꼈던 순간을 글과 그림으로 표현합니다.
　네 장 모두 채우지 않아도 됩니다.
④ 내용이 보이지 않게 반으로 접습니다.
⑤ A4 색지에 ④를 마주 보게 붙여 하트 모양 꽃을 완성합니다.
⑥ 컬러펜으로 줄기와 잎을 그려 완성합니다.
⑦ 자신이 자랐다고 느낀 순간을 발표합니다.

[예시]

 TIP

1. 교실에서는 〈우리는 자라요〉 활동을 할 수 있습니다. 각자 자신이 자랐다고 느꼈을 때를 그리거나 쓰고, 한데 모아 꽃으로 표현합니다.
2. 다른 책을 읽고 등장인물의 〈나는 자라요〉 활동을 할 수 있습니다. 등장인물이 자랐다고 느꼈을 때를 그리거나 쓰고, 한데 모아 꽃으로 표현합니다.

『 사람이 뭐예요? 』

문종훈 글·그림

출판사: 한림출판사, 출간일자: 2016.02.23.

『사람이 뭐예요?』는 동물들의 시선으로 사람의 신체와 생활 모습, 여러 가지 특징 등을 살핀다.

동물학교에서 '사람관찰일지 써 오기' 숙제를 내준다. 침팬지는 사람의 생김새에 대해 조사한다. 기린은 사람의 몸속에 대해, 코끼리는 사람의 크기에 대해 조사한다.

동물들이 쓴 사람관찰일지로 사람의 신체적 특징, 탄생과 수명, 의식주와 생활 모습, 인류의 역사와 발달, 사람이 지구에 미치는 영향 등 사람의 여러 가지 특징을 알 수 있다.

📖 생각하는 그림책 읽기

❶ 사람이 뭐라고 생각하나요?

❷ '이 책에 등장하는 동물들' 중에서 나와 공통점이 있는 동물을 찾습니다.

❸ 앞면지의 발자국은 누구의 발자국일까요?

여기는 동물들의 학교.
　⋮
지난 시간에 선생님이 재미있는 숙제를 내 주셨거든.
그건 바로 '사람관찰일지' 써 오기!

❹ 동물들은 '사람관찰일지'에 어떤 내용을 써 왔을까요?

사람들은 그동안 나쁜 일을 저지르기도 했어.
　⋮
그래도 자신들이 저지른 잘못을 바로잡기 위해 열심히 노력해.

❺ 사람들이 한 나쁜 일은 무엇일까요?
　 사람들이 한 좋은 일은 무엇일까요?

앞으로 사람들이 어떻게 사느냐에 따라
사람관찰일지는 다르게 쓰일 수 있어.

❻ 미래 동물들의 '사람관찰일지'에는 어떤 내용이 쓰이게 될까요?

『 사람이 뭐예요? 』

책놀이 활동 1

✿ 준비물
A4 1/4, 필기도구

✿ 책놀이 - 동물로 소개하는 나

❶ '이 책에 등장하는 동물들' 중에서 나와 공통점이 있는 동물을 찾습니다.
❷ 선택한 동물의 특성과 비슷한 나의 특성을 구체적으로 생각합니다.
❸ 생각한 것을 종이에 씁니다.
❹ 글을 바탕으로 자신을 소개합니다.

[예시]

 책놀이 활동 2

✿ **준비물**

『사람이 뭐예요?』, 종이, 마스킹테이프, 필기도구

✿ **책놀이 - 누가 남긴 발자국일까?**

❶ 책의 앞면지를 살펴봅니다.

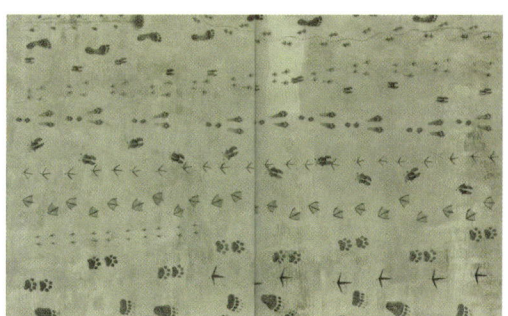

❷ 동물의 이름을 제시합니다.

땃쥐	두더지	꽃사슴	멧토끼	참새	멧돼지
불곰	두루미	호랑이	청둥오리	꿩	다람쥐

❸ 동물에 대해 알고 있는 배경지식을 활용하여 발자국의 주인을 찾습니다.

예) 조류만 분류한다. (참새, 청둥오리, 꿩, 두루미)

→ 다른 새와 구별되는 특징을 찾아본다. (물갈퀴 유무, 발자국이 찍힌 위치)

→ 동물의 크기를 비교하며 추리한다. (참새 < 꿩 < 두루미)

❹ 마스킹테이프에 발자국의 주인을 쓰고 책에 붙여 표시합니다.

❺ 추리가 맞는지 책의 뒷면지와 비교합니다.

책놀이 활동 3

 준비물
A3 색지, 문장 카드, 필기도구

책놀이 - OX 동물퀴즈

❶ A3 색지를 반으로 접습니다. 한쪽은 O, 다른 한쪽은 X로 표시합니다.
❷ 문장 카드를 한 세트씩 나누어 줍니다.
❸ 맞는 문장은 O쪽에, 틀린 문장은 X쪽에 분류합니다.
❹ 함께 책을 읽으며 ❸을 확인합니다.

[예시]

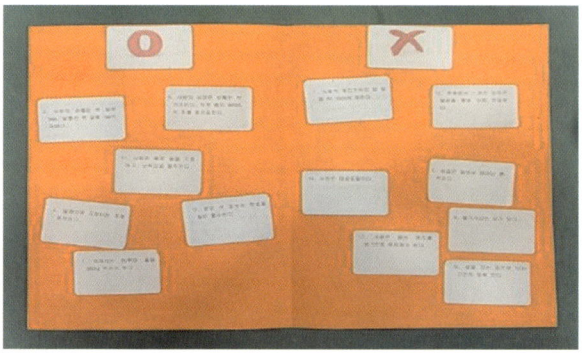

TIP
1. 책이 전달하는 많은 정보를 짚어보는 데 의미가 있으므로 경쟁이 되지 않도록 합니다.
2. 모둠별 활동이나 부모와 함께하는 수업에서 활용하면 좋습니다.

책놀이 활동 4

❀ 준비물
악동뮤지션의 〈사람들이 움직이는 게〉 가사, 관찰일지, 주제 카드, 필기도구

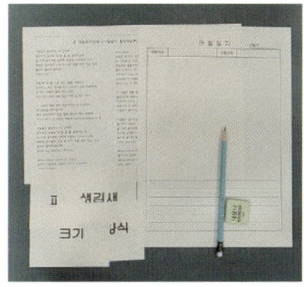

❀ 책놀이 - 사람관찰일지 1(동물학교 숙제)

❶ 가사를 확인하며 악동뮤지션의 〈사람들이 움직이는 게〉를 듣습니다.
  익숙한 것을 낯설게 보기 위한 과정입니다.

> 생김새, 뼛속, 크기, 피부색, 성별, 행동양식, 먹이활동 …

❷ 관찰 주제를 뽑습니다.
❸ 동물 입장에서 사람을 관찰합니다.
❹ 관찰일지에 주제에 맞는 사람의 특징을 씁니다.
❺ 관찰일지를 소개합니다.

『 사람이 뭐예요? 』 155

책놀이활동 5

❀ 준비물
관찰일지, 컬러펜, 필기도구

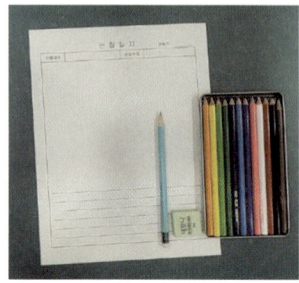

❀ 책놀이 - 사람관찰일지 2(미래에서 온 관찰일지)

① '생각하는 그림책 읽기 ❺, ❻'을 참고하여 미래의 사람은 어떻게 살지 상상해 봅니다.
② 미래 동물들에게 사람들은 어떻게 보일지 이야기 나눕니다.
③ 미래 동물들의 입장에서 '사람관찰일지'를 글과 그림으로 완성합니다.
④ 관찰일지를 발표합니다.

[예시]

『수박 수영장』

안녕달 글·그림
출판사: 창비, 출간일자: 2015.07.27.

작가는 뜨거운 여름날 커다란 수박이 수영장이 되는 상상을 한다. 만화적인 구성과 경쾌한 리듬의 화면이 수박 수영장을 더 빛나게 한다.

아이부터 할아버지, 할머니, 장애인까지 모여서 수박 수영장을 즐긴다. 책을 읽는 동안 코끝에 달큰한 수박 향이 퍼지고 서걱서걱 수박을 밟으며 함께 즐긴 듯하다. 저절로 또 다른 수영장을 떠올리게 된다.

📖 생각하는 그림책 읽기

❶ 수영장에 갔던 경험을 떠올립니다.

❷ 수박 수영장에 간다면 누구와 무엇을 하며 놀고 싶은지 생각해 봅니다.

❸ 코코넛 수영장은 어떤 모습일까요?

📖 책놀이활동 1

✿ 준비물
A4 120g, 가위, 컬러펜, 필기도구

✿ 책놀이 - 수박 수영장 이용 안내서

❶ 종이를 병풍접기 합니다.
❷ 병풍접기 한 종이를 아래와 같이 둥글게 자릅니다.

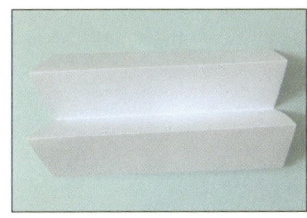  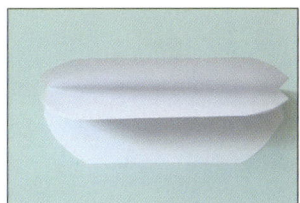

❸ '수박 수영장 이용 안내서'의 내용을 생각해 봅니다.
　예) 개장과 폐장 시간, 이용 대상과 마음가짐, 다양한 놀이 시설, 놀이 시설 이용 방법,
　　　주의사항 등
❹ 생각한 것을 글과 그림으로 표현합니다.
❺ 표지를 꾸밉니다.
❻ '수박 수영장 이용 안내서'를 소개합니다.

[예시]

 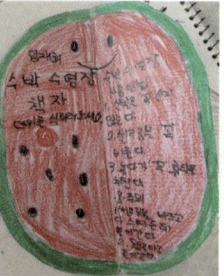 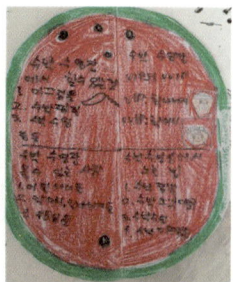

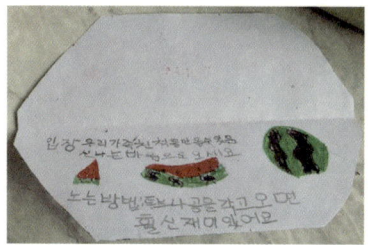 

책놀이활동 2

❁ 준비물
A4 120g, 가위, 컬러펜, 필기도구

❁ 책놀이 - 나의 ○○수영장

> "아휴, 덥다.
> 옆 동네 코코넛 수영장도 개장했다던데,
> 지금쯤이면 수박 수영장도 개장했겠지요?"

❶ 수박 수영장, 코코넛 수영장처럼 우리 동네에 있었으면 하는 수영장을 떠올려 봅니다.
❷ 떠올린 수영장을 종이에 그립니다.
❸ '나의 ○○수영장'을 소개합니다.

[예시]

『 수박 수영장 』

 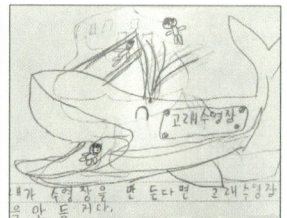 

TIP
1. '나의 ○○수영장' 홍보지를 만들 수 있습니다.
2. 모둠 활동으로 '우리의 ○○수영장'을 표현할 수 있습니다.

『사랑이 뭐예요?』

다비드 칼리 글, 안나 라우라 칸토네 그림, 서소영 옮김
출판사: 키즈엠, 출간일자: 2015.05.29.

엠마는 사랑이 뭔지 궁금하다. 친구 아니타가 어른들만 아는 거라고 해 엠마는 엄마, 아빠, 할머니, 할아버지한테 가서 사랑이 뭐냐고 물어본다.

엄마는 사랑은 꽃처럼 천천히 피어나는 거라고 하고, 아빠는 사랑은 갑자기 '펑' 하고 찾아오는 거라고 한다. 할머니는 사랑을 부드럽고 향기로운 것이라고 말하고, 할아버지는 사랑은 마음을 따뜻하게 해주는 거라고 이야기한다. 저마다 다른 대답에 엠마는 여전히 알쏭달쏭하다. 오히려 궁금증만 더 커지고 말았다.

'사랑은 어떤 색깔이고 어떤 모양인지, 맛은 어떨지, 또 사랑에 빠진다는 건 어떤 의미인지….' 엠마는 과연 사랑을 이해할 수 있을까?

생각하는 그림책 읽기

❶ 『사랑이 뭐예요?』를 읽기 전에 '사랑이란 뭘까?' 생각해 봅니다.

사랑은 뭐예요?
사랑은 무슨 색이지? 어떤 모양일까? 달콤할까, 짭짤할까? 클까, 작을까?
사랑에 빠진다는 건 어떤 뜻이에요?

❷ 엠마의 질문에 가족들이 어떤 대답을 했는지 살펴봅니다.

❸ 엠마는 가족에게, 가족은 엠마에게 사랑하는 마음을 어떻게 표현했나요?

"매트, 사랑이 뭔지 아니? 사랑은 말이야, 그냥 느껴지는 거야."

❹ 엠마는 왜 이렇게 말했을까요?

❺ 사랑에 모양과 색깔, 맛이 있다면 어떻게 표현할 수 있을까요?

❻ 사랑에 빠진다는 건 어떤 걸까요?

책놀이활동 1

✿ 준비물

A4 180g, 8절 색지 1/2장, 컬러펜, 가위, 풀

✿ 책놀이 - 사랑 사랑 사랑 1

❶ 나를 사랑하고, 내가 사랑하는 대상을 떠올립니다.
❷ 사랑받는다는 것을 어떻게 알 수 있을까요?
❸ 사랑한다는 것을 어떻게 알 수 있을까요?
❹ 8절 색지 1/2장을 반으로 접습니다.
❺ 접힌 선을 중심으로 하트 모양을 그려 오립니다.

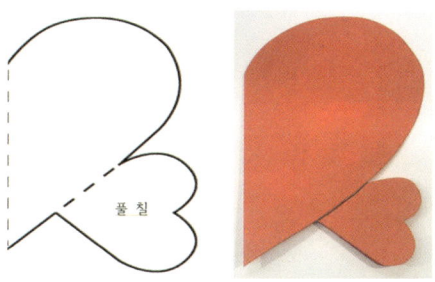

❻ 오려낸 하트 모양 종이에 ❷와 ❸을 글 또는 그림으로 표현합니다.
❼ A4를 반으로 접습니다.
❽ ❼의 중심선에 맞춰 ❻을 팝업이 되도록 붙입니다.

『 사랑이 뭐예요? 』

[예시]

책놀이활동 2

❁ 준비물

8절 매직터치(머메이드지), 색종이 7.5cm 5~6장,
필기도구, 가위, 풀

❁ 책놀이 - 사랑 사랑 사랑 2

❶ 색종이를 하트 모양으로 잘라서 5~6장 준비합니다.
❷ '생각하는 그림책 읽기 ❷'를 참고하여 내 생각을 하트 색종이에 씁니다.
❸ 하트 색종이를 반으로 접어 풀로 붙입니다.
❹ 8절 매직터치를 길게 반으로 자릅니다.
❺ ❹를 반으로 접습니다.
❻ 접힌 부분에서부터 1/3지점까지 오려 팝업이 되도록 접어 넣습니다.

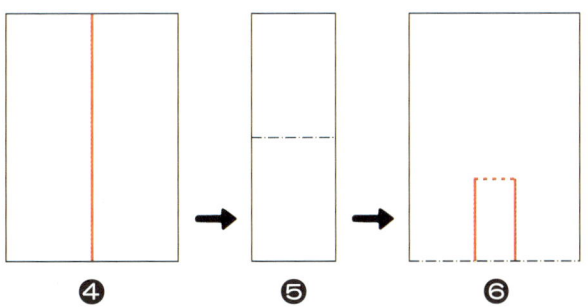

❼ ❸의 하트를 세워진 기둥에 붙이고 꾸밉니다.
❽ 소개하고 전시합니다.

[예시]

『 라이카는 말했다 』

이민희 글·그림

출판사: 느림보, 출간일자: 2007.01.17.

지구에 살고 있는 생물 중 처음으로 우주여행을 한 러시아의 강아지, 라이카. 라이카는 1957년 11월 3일 스푸트니크 2호에 타고 우주로 간다. 라이카 덕에 무중력 상태에서도 지구 생물이 생존할 수 있다는 사실이 입증되었고, 그때부터 유인 우주비행 시대가 본격적으로 열린다. 유리 가가린이 1961년 4월 12일 우주선 보스토크 1호에 타고 우주로 갈 수 있었던 것은 라이카의 희생이 있었기 때문이다. 그런데 사람들은 최초의 우주인으로 유리 가가린만 기억할 뿐 라이카는 알지 못한다.

작가 이민희는 이런 라이카에게 기적을 부여해 주고 싶었나 보다. 라이카는 우주에서 뿌그인을 만나 친구가 되고, 뿌그인도 이제 지구로 온다고 한다.

📖 생각하는 그림책 읽기

❶ 라이카와 가가린의 표정을 비교하고 다른 이유를 생각해 봅니다.

❷ 지구에서 점점 멀어지는 스푸트니크 2호의 라이카 표정은 어떻게 변했나요?

❸ 뿌그인들을 만났을 때 라이카의 마음은 어땠을까요?

❹ 뿌그인들은 지구에서 누구를 만나게 될까요?

책놀이 활동 1

❀ 준비물
말주머니 포스트잇, 필기도구,
라이카가 뿌그인들에게 말하는 장면

❀ 책놀이 - 라이카는 말했다

❶ 라이카가 뿌그인들에게 말하는 장면에서 라이카의 말을 가리고 책을 읽습니다.
❷ 라이카가 환영하는 뿌그인들에게 뭐라고 했을지 이야기를 나눕니다.
❸ 나눈 이야기를 바탕으로 내 생각을 정리해 말주머니 포스트잇에 씁니다.
❹ 책의 장면에 ❸을 붙입니다.
❺ 가려놓은 라이카의 말을 확인하고 그 마음을 헤아려 봅니다.

[예시]

『 라이카는 말했다 』

 책놀이 활동 2

❀ 준비물

8절 켄트지 2장, OHP필름, 낚싯줄, 말주머니 포스트잇, 유성펜, 필기도구, 가위, 풀, 크레파스, 플라스틱 빵칼, 가위, 투명테이프, 물감, 페인트용 붓, 일회용 접시, 다리미, 신문지

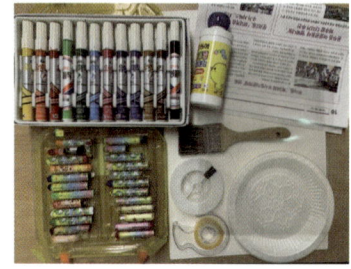

❀ 책놀이 - 우주선을 타고

❶ 크레파스를 빵칼로 잘게 조각냅니다. (쌀알 크기 정도)
❷ 신문지 위에 켄트지를 놓고 크레파스를 뿌립니다.
❸ 다른 켄트지로 ❷를 덮습니다.
❹ 위에 신문지를 얹고 다리미로 다려 크레파스를 녹입니다.
❺ 물감으로 바탕을 칠하고 말립니다.
❻ OHP 필름에 유성펜으로 내가 탄 우주선을 그려 오립니다.
❼ 낚싯줄로 우주선을 연결하여 ❺의 뒷면에 투명테이프로 고정합니다.
❽ 우주인을 만났을 때 하고 싶은 말을 말주머니 포스트잇에 씁니다.
❾ 완성된 그림에 말주머니 포스트잇을 붙입니다.

[예시]

  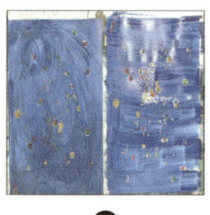 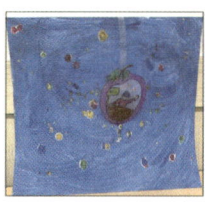

❶   ❹   ❺   ❼

『야, 우리 기차에서 내려!』

존 버닝햄 글·그림, 박상희 옮김
출판사: 비룡소, 출간일자: 1995.11.01.

브라질의 환경 운동가 '치코 멘데스'를 기려 만든 『야, 우리 기차에서 내려!』는 해가 갈수록 심각해지는 환경문제, 이로 인해 위협받는 동물들의 생존에 대한 그림책이다.

기차놀이를 좋아하는 아이가 개와 함께 기차여행을 떠난다. 코끼리, 물개, 두루미, 호랑이와 사자가 기차에 올라탈 때마다 "야, 우리 기차에서 내려!"라고 소리 지른다. 동물들은 저마다 기차에 타야 하는 이유를 말하고 아이는 기차에 태워준다.

아이가 기차에 탄 코끼리, 물개, 두루미, 호랑이, 곰과 함께 노는 모습은 더불어 살아가야 함을 말한다.

📖 생각하는 그림책 읽기

❶ "야, 우리 기차에서 내려!"라고 했던 아이는 기차에 올라탄 동물의 이야기를 듣고 뭐라고 했을까요?

❷ 기차에 올라탄 동물들의 공통점은 무엇인가요?

"눈이 계속 내리네.
이렇게 눈이 계속 내리면 우리 기차는 꼼짝도 못 할 거야."

❸ 아이와 동물들은 철길에 쌓인 눈을 어떻게 할까요?

아마존의 열대 우림을 지키려 애썼던
치코 멘데스에게

❹ 치코 멘데스는 어떤 인물일까요?

❺ 동물들이 이야기한 위기 상황을 해결하기 위해 우리가 할 수 있는 일을 생각해 봅니다.

책놀이활동 1

❀ 준비물

검은색 A4 120g, 멸종 위기 동물 사진, 가위, 풀, 커팅매트, 칼, 자, 흰색 젤리펜, 컬러펜, 필기도구

❀ 책놀이 – '더 늦기 전에' 기차

❶ 인터넷이나 책에서 멸종 위기의 동물들을 조사합니다.
　왜 멸종 위기인지 그 이유를 자세히 알아보고 동물 사진을 준비합니다.
❷ 검은색 A4를 아래와 같이 접습니다.

❸ 접은 종이를 병풍접기 합니다.
❹ 아래와 같이 50원 크기의 기차 바퀴를 두 개 그립니다.

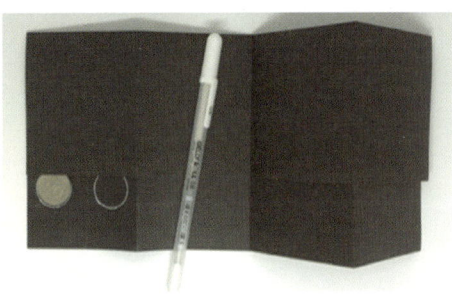

❺ 병풍접기를 한 채 기차 바퀴가 되도록 가위로 오립니다.

❻ 멸종 위기의 동물 사진을 기차 안쪽(바퀴가 있는 쪽) 칸마다 한 장씩 붙입니다.

❼ 바깥쪽에 칼로 창을 내고 창 부분에 그 동물의 어려움이나 하소연을 씁니다.
❽ 완성 후 자신이 만든 기차에 탄 동물의 어려움을 이야기합니다.
❾ 동물들의 어려움을 들은 내 마음이 어떤지 이야기 나눕니다.

[예시]

책놀이활동 2

✿ 준비물
머메이드지 A4, A4 모조지 180g, 가위, 풀, 컬러펜, 필기도구

✿ 책놀이 – 우리의 소리를 들어주세요

❶ 머메이드지 A4를 반으로 접습니다.
❷ 모조지에 멸종 위기 동물 그림을 출력하거나 학습자가 그립니다.
❸ ❷에 피켓 모양을 그려 오립니다.
❹ 피켓에 동물이 겪는 어려움이나 하소연을 씁니다.
❺ 모조지를 가로 4cm, 세로 10cm 크기로 잘라 접어 받침대를 2개 만듭니다.

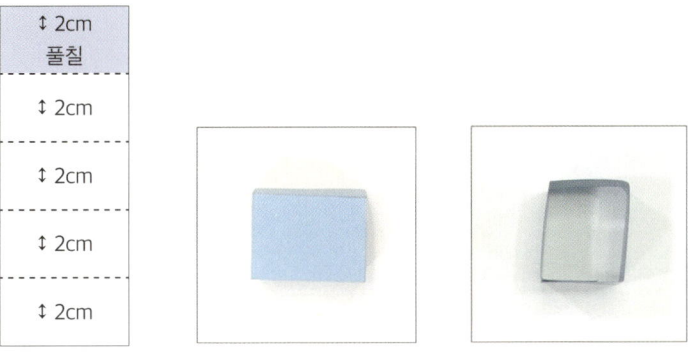

❻ 반으로 접은 머메이드지에 ❺를 붙입니다.

❺ 피켓 든 동물 그림을 받침대에 붙입니다.
❻ 동물들에게 하고 싶은 말을 펼친 활동지의 바닥면에 씁니다.

[예시]

『새 신발』

문정희 글, 김세진 그림
출판사: 바우솔, 출간일자: 2014.09.05.

『새 신발』은 <한계령을 위한 연가> 등 수많은 시로 한국 여성시의 생명력, 건강성의 중심에 서온 문정희 시인의 첫 그림책이다.

시인은 새 신발을 신고 아이가 더 크고 높은 세계로 향하기를 바라고 있다. 새 신발을 꿈의 도구로 본 것이다. 그러기에 새 신발을 신은 아이는 마음이 앞서 팔짝팔짝 뛴다. 강아지도 덩달아 뛴다. 새 신발을 신고 친구도 만나고 동물원에 가서 사자도 보고 싶다. 새 신발을 신고 공원으로 가면 나무들도 손을 흔들어 준다. 아이는 더욱 신이 나서 나무들 사이를 뛰어다닌다.

평범한 듯 보이지만 너무 빨리 뛰면 넘어진다는 조언도 건넨다.

📖 생각하는 그림책 읽기

❶ 새 신발이 생겼을 때를 생각해 봅니다.

❷ 새 신발을 신은 아이의 마음을 헤아려 봅니다.

"천천히 잘 걸어야 해.
그러면 이담에 더 큰 구두를 신고 어디든 갈 수 있단다."

❸ 의미를 생각해 봅니다.

📗 책놀이활동 1

✿ 준비물
8절 색지, A4, 풀, 컬러펜, 필기도구

✿ 책놀이 – 시와 그림이 만났을 때

❶ 교사는 「새 신발」을 출력한 종이를 준비합니다.
❷ 시를 읽으며 머릿속에 어떤 그림이 그려졌는지 이야기 나눕니다.
❸ ❶에 어울리는 그림을 그립니다.
❹ 8절 색지에 붙여 전시합니다.
❺ 시에 그림이 더해졌을 때 좋은 점이 무엇인지 이야기 나눕니다.

[예시]

책놀이 활동 2

✿ **준비물**
A4, 컬러펜, 필기도구

✿ **책놀이 - 새 신발 이야기**

❶ 새 신발이 생겼을 때를 떠올립니다.
❷ 기억에 남는 새 신발에 대해 이야기 나눕니다.
❸ ❷의 내용을 시로 씁니다.
❹ 시와 어울리는 그림을 그립니다.
❺ 낭송하고 전시합니다.

[예시]

 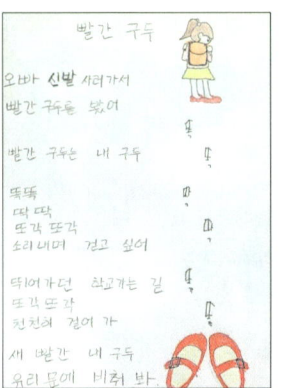

📖 시와 함께하는 책놀이

❀ 동시와 친해지기 1

❶ 동시집을 한 권씩 나눠 갖습니다.
❷ 교사의 '하나, 둘, 셋' 구호에 맞추어 책을 동시에 펼칩니다.
❸ 교사는 '가장 큰 수', '20~30쪽 사이' 등의 기준을 제시합니다.
❹ 기준에 맞는 쪽을 펼친 학습자가 동시를 낭송합니다.
❺ ❷, ❸, ❹의 과정을 반복하여 여러 편의 동시를 감상합니다.
　낭송한 동시는 포스트잇으로 표시합니다.
❻ 낭송한 모든 동시 중 가장 마음에 드는 시를 선택합니다.
❼ 왜 마음에 드는지 소개하고 시를 낭송합니다.

❀ 동시와 친해지기 2

❶ 동시집을 여러 권 준비합니다.
❷ 교사가 '봄', '과일', '우정' 등의 주제를 제시합니다.
❸ 학습자는 정해진 시간 동안 주제와 관련된 시를 찾습니다.
❹ 찾은 시를 옮겨 쓰고 꾸밉니다.
❺ 시를 낭송하고 모아 묶습니다.
❻ 표지를 꾸며 동시집을 만듭니다.
　예) 봄 향기가 나는 시, 새콤달콤 시 등

📖 시와 함께하는 책놀이

❀ 다시 쓰는 시 1

① 교사가 미리 준비한 시를 낭송합니다.
　　예) 「가끔」 신형건
② 말하는 이의 마음을 헤아립니다.
　　예) 「가끔」의 아이 마음
③ 시와 같은 마음일 때가 있는지 생각해 봅니다.
　　예) 나는 '가끔' 어떤 마음이 드는지, 나는 '가끔' 어떤 행동을 하는지
　　　　나는 '가끔' 어떤 상상을 하는지
④ ③의 생각을 정리해 시를 씁니다.
⑤ 시를 낭송합니다.

[예시]

> **가끔**
>
> ○○초 4학년 윤○○
>
> 늘 그런 건 아니지만
> 가끔 엄마한테 속 시원하게 말대꾸하고 싶어
> 가끔 꾀병을 부리고 싶을 때도 있고
> 아무도 없는 도로에서 뛰어 보고 싶을 때도 있어
> 갑자기 엄마, 아빠가 너무 보고 싶을 때도 있고
> 친한 친구가 너무 싫어질 때도 있어
> 가끔 수학이 너무 하고 싶을 때도 있어
> 그래, 항상 그렇진 않지만
> 내 생각대로 안 돼서 손으로 책상을 '쾅'하고 치고 싶어
> 다른 나라가 전쟁하는 모습을 뉴스로 보면
> 눈에 눈물이 고이고
> 어른들이 좋아하는 커피를 먹고 싶을 때도 있지.
> 어느 땐 동생이 보고 싶을 때도 있고
> 늦은 밤 나 혼자 있을 때 누가 잡아갈 것 같은 기분이 들어
> 가끔 너무 놀고 싶어 숙제 다 했다고 거짓말을 할 때도 있어
> 아빠가 게임을 할 때 게임을 꺼버리고 싶은 충동이 들다가
> 아빠의 흰 머리를 보면 눈물이 찔끔 나.
> 가끔, 아주 가끔.

❀ 다시 쓰는 시 2

❶ 교사는 대화 형식의 시를 준비합니다.
　예) 「기린과 하마」 문삼석
❷ 역할을 나누어 시를 낭송합니다.
❸ 상대가 한 말을 들었을 때 느낌이 어땠는지 이야기 나눕니다.
　예) 기린 입장에서 하마가 어떤 이야기를 해주었으면 좋을지 생각해 봅니다.
　　　하마 입장에서 기린이 어떤 이야기를 해주었으면 좋을지 생각해 봅니다.
❹ 대화를 주고받을 수 있는 대상을 떠올립니다.
　예) 엄마와 나, 지우개와 연필 등
❺ 떠올린 대상의 특징을 살려 대화 형식으로 시를 씁니다.
❻ 시를 낭송합니다.

『호텔맨 울프레드』 활동지

『바닷가 마을의 제빵사』 활동지

『바닷가 마을의 제빵사』 활동지

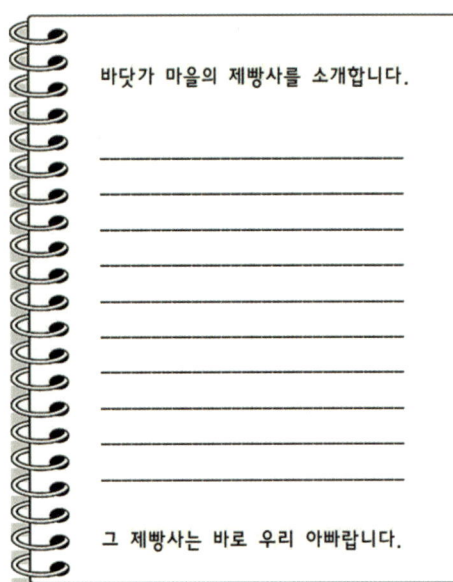

바닷가 마을의 제빵사를 소개합니다.

_____

_____

_____

_____

_____

_____

_____

그 제빵사는 바로 우리 아빠랍니다.

『바닷가 마을의 제빵사』 활동지

이름 :

하는 일 :

어떻게 이 일을 하게 되었나요?

일을 하면서 힘든 점은 무엇인가요?

힘든 점도 있지만, 이 일이 좋은 이유는 무엇인가요?

일을 할 때 가장 중요하게 생각하는 것은 무엇인가요?

『노는 게 좋은 _·|』 활동지

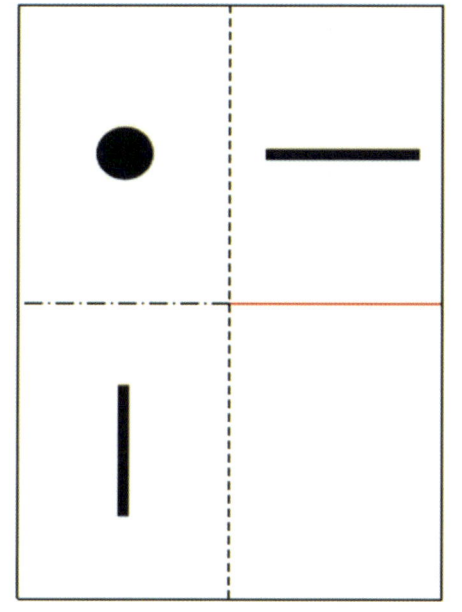

『노는 게 좋은 _·|』 자음 카드

ㄱ	ㄴ	ㄷ	ㄹ
ㅁ	ㅂ	ㅅ	ㅇ
ㅈ	ㅊ	ㅋ	ㅌ
ㅍ	ㅎ	ㅍ	ㅎ
ㄱ	ㄴ	ㄷ	ㄹ
ㅁ	ㅂ	ㅅ	ㅇ
ㅈ	ㅊ	ㅋ	ㅌ

『노는 게 좋은 _·|』 모음 카드

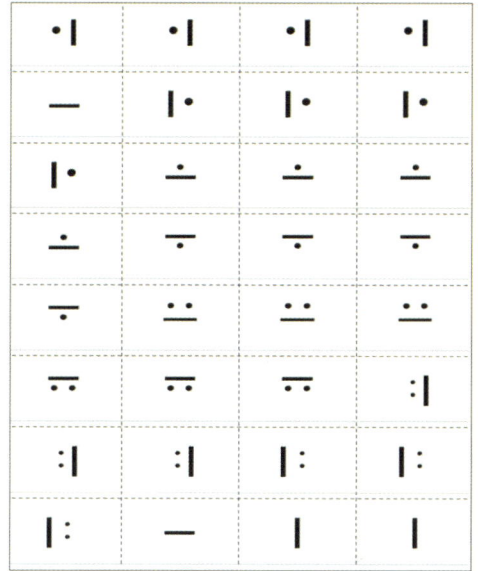

『노는 게 좋은 _·|』 주제 카드와 사전 사용권

식물	장소	음식
동물	사물	눈에 보이지 않는 것
식물	장소	음식
동물	사물	눈에 보이지 않는 것
사전사용권	사전사용권	사전사용권
사전사용권	사전사용권	사전사용권

『노는 게 좋은 ㅡ・ㅣ』 게임 보드

출발! / 도착!	만들어진 낱말로 끝말잇기 (다섯 낱말)	사전 사용권!	만들어진 글자가 들어간 세 글자 낱말 (글자 위치는 상관×)	만들어진 글자로 시작되는 낱말	사전 사용권!
만들어진 글자가 들어간 세 글자 낱말 (글자 위치는 상관×)					만들어진 글자가 끝글자가 되는 낱말
만들어진 글자로 시작되는 낱말 두 가지	자음 카드		모음 카드		만들어진 글자로 시작하는 낱말 다섯고개
만들어진 글자가 끝글자가 되는 낱말					만들어진 글자로 시작되는 낱말 세 가지
주제 카드 (주제에 맞는 낱말)					주제 카드 (주제에 맞는 낱말)
만들어진 낱말로 끝말잇기 (다섯 낱말)			주제 카드		사전 사용권!
주제 카드 (주제에 맞는 낱말)					만들어진 글자가 끝글자가 되는 낱말
만들어진 글자가 들어간 세 글자 낱말 (글자 위치는 상관×)					만들어진 낱말로 끝말잇기 (다섯 낱말)
꽝!	만들어진 낱말로 끝말잇기 (네 낱말)	만들어진 글자가 끝글자가 되는 낱말	만들어진 글자로 시작하는 낱말 다섯고개	주제 카드 (주제에 맞는 낱말)	만들어진 글자로 시작되는 낱말 세 가지

『특별 주문 케이크』 활동지

예약일	
주문하는 분	
받는 분	
특별 주문 사항	

『특별 주문 케이크』 활동지

특별 주문 케이크

받는 분: 주문하는 분:

『작고 푸른 점』 활동지

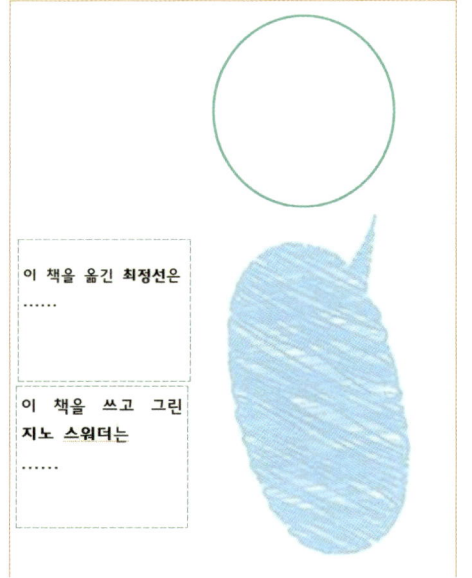

이 책을 옮긴 **최정선**은
……

이 책을 쓰고 그린
지노 스워더는
……

『작고 푸른 점』 활동지

나의 다짐

나 _____ 은(는) 지구 관리인으로서 다짐합니다.

1. _____

2. _____

3. _____

20 . .

관리인   (인)

『내가 가장 듣고 싶은 말』 활동지

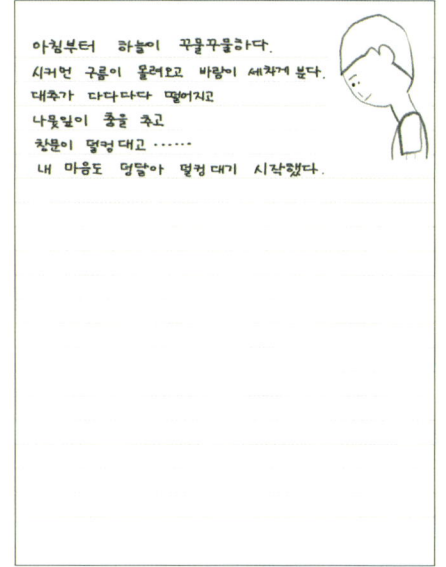

『어서 와, 여기는 뉴욕이야』 도안

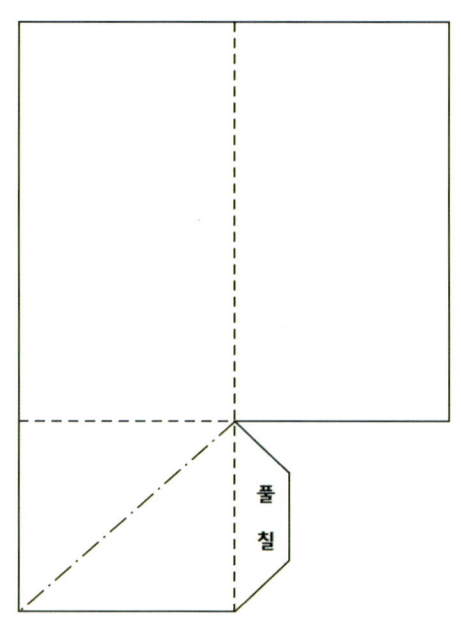

『가시 소년』 활동지

『가시 소년』 활동지

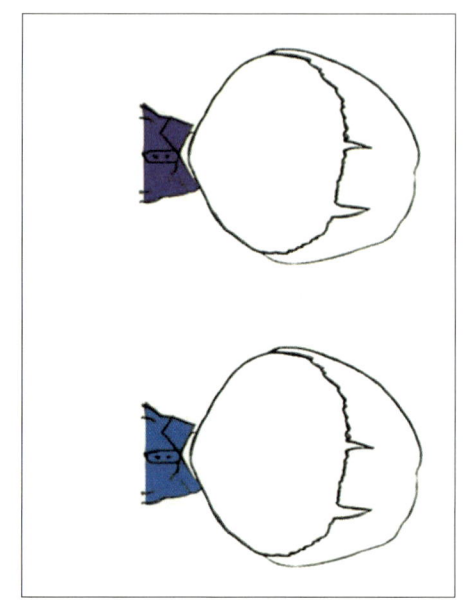

『이유가 있어요』 활동지

『이유가 있어요』 활동지

『엎드려 관찰하고 자세히 그렸어요』 도안

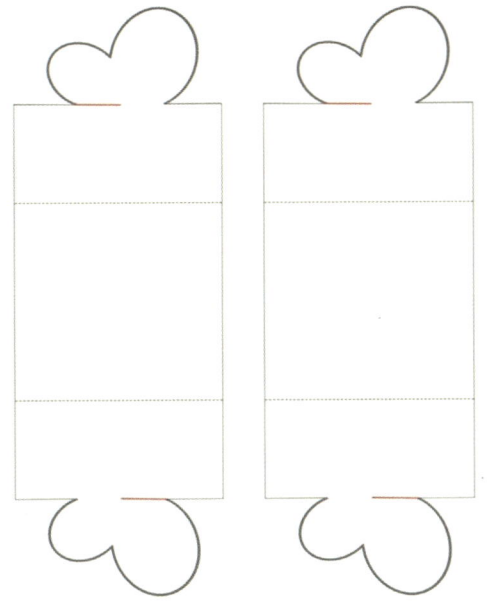

『영웅을 찾습니다!』 활동지

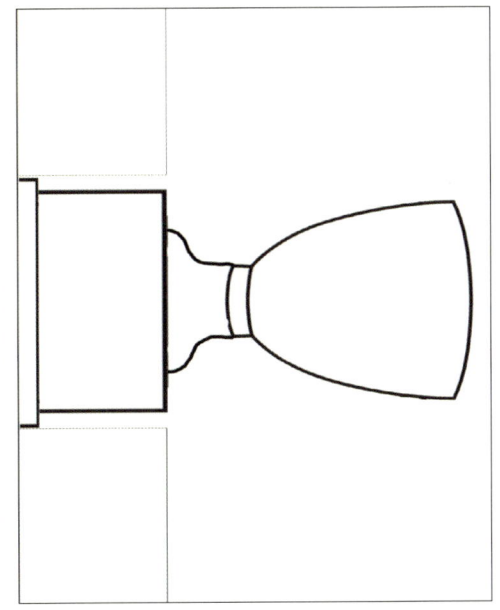

『아이스크림 여행』 키워드와 해시태그

『아이스크림 여행』을 읽고

중국	#2,000년 전 #눈 #쌀 #과일 #우유
이탈리아	#마르코 폴로 #비단길 #유럽 최초
조지 워싱턴	#미국의 초대 대통령 #아이스크림 기계
와플	#1904년 세계박람회 #종이컵 #잎이 뾰족한 아이스크림
마르코 폴로	#중국 #이탈리아 #비단길
스쿱	#국자모양 #도구
비단길	#중국 #이탈리아 #마르코 폴로
막대 아이스크림	#1920년 #해리 버트
아이스크림에 대해 더 알고 싶은 것 1	
아이스크림에 대해 더 알고 싶은 것 2	

『거짓말』 도안

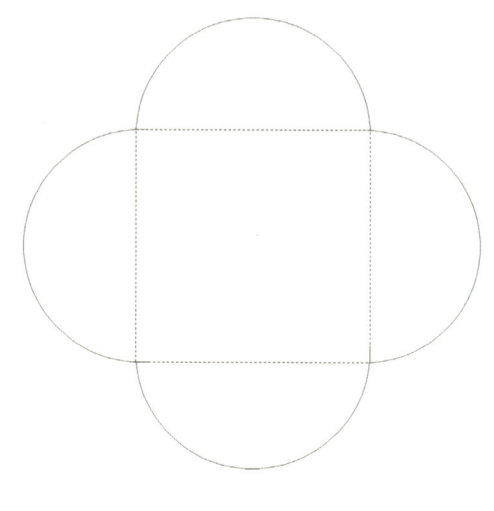

『사람이 뭐예요?』 문장 카드(사람)

1. 사람의 머리카락은 한 달에 약 10cm씩 자란다.	2. 사람의 손톱은 한 달에 3mm, 발톱은 한 달에 1mm씩 자란다.	3. 배꼽은 알에서 태어난 흔적이다.
4. 갓난아기는 뼈가 206개이다. 자라면서 나머지에 어른이 되면 350개가 된다.	5. 사람은 뼛속 골수에서 피를 만들어 낸다.	6. 사람의 심장은 밤톨만 한 크기이다. 하루 동안 9000L의 피를 펌프질한다.
7. 사람의 혈관을 모두 연결하면 밀에 있는 것까지 모두 28개로 되어 있고, 얼굴 근육은 26개이다.	8. 사람의 꼬리뼈는 폐와 심장을 보호하고, 숨 쉬는 것을 돕는다.	9. 사람의 입부터 똥구멍까지는 6~7m 정도이다.
10. 사람의 머리뼈는 귓속과 혀 밑에 있는 것까지 모두 28개로 되어 있고, 얼굴 근육은 26개이다.	11. 사람은 뼈로 몸을 지탱하고, 근육으로 움직인다.	12. 온몸에서 느껴진 감각은 혈관을 통해 뇌로 전달된다.
13. 밝은 색 피부는 햇빛을 많이 흡수한다.	14. 사람은 태생동물이다.	15. 사람이 음식을 먹고 얻은 에너지의 5분의 1은 입이 사용한다.
16. 잠을 자는 동안 뇌는 가만히 멈춰 있다.	17. 사람은 몸의 온도를 36.5도로 유지해야 한다.	18. 사람의 목소리는 500여 가지의 소리를 낼 수 있다.
19. 사람이 문자를 사용하기 시작한 건 약 5천 년 전이다.	20. 사람이 농사를 짓기 시작한 건 10만 년 전이다.	

『사람이 뭐예요?』 문장 카드(동물)

1. 기린의 목뼈는 17개이다.	2. 대왕고래는 심장이 수박만 하다.	3. 흰동가리는 수컷이 암컷으로 변할 수 있다.
4. 달팽이와 지렁이는 자웅동체이다.	5. 벌과 개미는 정자와 난자가 수정되면 수컷이 태어나고, 난자만 자라면 암컷이 태어난다.	6. 오리너구리는 알을 낳고 젖을 먹여 키운다.
7. 코끼리는 하루에 풀을 300kg 먹어야 한다.	8. 불가사리는 뇌가 있다.	9. 알바트로스, 바다표범, 물고래는 뇌의 반쪽씩 잘 수 있어 자면서도 헤엄치고 날 수 있다.
10. 상어와 붉은등놀래기는 눈꺼풀이 없어서 눈을 뜨고 잔다.	11. 코끼리와 얼룩말은 풀을 계속 먹어야 해서 3~4시간 밖에 못 잔다.	12. 물고래와 바다표범은 지방층이 많아서 물에서도 체온을 유지할 수 있다.
13. 말은 귀와 꼬리의 움직임으로 의사소통을 할 수 있다.	14. 벌은 냄새로 꽃이 있는 곳을 알린다.	15. 쥐는 소리로 소통한다.
16. 개미는 춤을 추어 먹을 것이 있는 곳과 위험을 알린다.	17. 긴팔원숭이는 아침마다 가족과 합창을 한다.	18. 물고래는 콧구멍의 주머니에서 나는 소리로 이야기한다.
19. 떡정벌레는 전 세계에 대략 75마리가 살고 있다.	20. 북극제비갈매기는 북극에서만 산다.	

『사람이 뭐예요?』 관찰일지

『사랑이 뭐예요?』 도안

『라이카는 말했다』 활동지

책놀이 부록

신개념 독서교육 그림책놀이 2

초판 1쇄 발행 2024년 05월 27일

지은이 한국그림책연구소
펴낸이 류태연

펴낸곳 렛츠북
주소 서울시 마포구 양화로11길 42, 3층(서교동)
등록 2015년 05월 15일 제2018-000065호
전화 070-4786-4823   **팩스** 070-7610-2823
홈페이지 http://www.letsbook21.co.kr   **이메일** letsbook2@naver.com
블로그 https://blog.naver.com/letsbook2   **인스타그램** @letsbook2

ISBN 979-11-6054-707-8 (13370)

* 이 책은 저작권법에 따라 보호를 받는 저작물이므로 무단전재 및 복제를 금지하며,
  이 책 내용의 전부 및 일부를 이용하려면 반드시 저작권자와 도서출판 렛츠북의
  서면동의를 받아야 합니다.